目錄

略傳

一九一五年六月：夢參老和尚出生於中國黑龍江省開通縣。

一九三一年：在北京房山縣上方山兜率寺，依止慈林老和尚剃度出家，法名爲「覺醒」。但是他認爲自己沒有覺也沒有醒，再加上是作夢的因緣出家，便給自己取名爲「夢參」。

同年在北京拈花寺受比丘戒，戒期圓滿，南下九華山，朝禮地藏菩薩道場，正遇上六十年舉行一次的開啓地藏菩薩肉身塔法會。由於因緣殊勝，爲老和尚爾後弘揚地藏法門種下深遠的影響。

一九三二年：轉赴福建省福州市鼓山湧泉寺參訪，他對湧泉寺當時的一切境界似曾相識，彷彿故地重來。

當時虛雲老和尚於鼓山創辦法界學苑，並請慈舟老法師主講《華嚴經》。

他決定依止慈舟老法師學習《華嚴經》，歷時半年，仍無法契入華嚴義海，遂親自向慈舟老法師請法，之後決定以拜誦〈普賢行願品〉、燃身臂供佛的苦行，開啓智慧。

除依止慈舟老法師，學習《華嚴經》外，更旁及虛雲老和尚的禪法，有時也奉慈舟老法師之指示，代講經論，諸如《阿彌陀經》等等。

一九三六年：赴青島湛山寺，依止倓虛老法師學天台四教，並擔任湛山寺書記，負責倓虛老法師的庶務以及對外連絡事宜。

在湛山寺擔任書記期間，一方面向倓虛老法師習天台四教，及宣揚慈舟老法師的戒律精神。隨後奉倓虛老法師之命，禮請慈舟老法師北上青島湛山寺講律，又護送慈舟老法師到北京，開講《華嚴經》。

一九三六年底：再度奉倓虛老法師之命，赴福建廈門萬石巖，禮請弘一大師北上弘律，歷時半年之久。因《梵網經》的請法因緣，弘一大師同意北上湛山寺，開講〈隨機羯磨〉。

一九三七年：擔任弘一大師的侍者半年，以護弘老生活起居，深受弘一大師身教的啓發。當時並就近依《占察善惡業報經》所描述的占察輪相，請弘一大師親手製作一付，以供修習。

弘一大師爲了答謝他擔任半年的外護，親贈手書的「淨行品」偈頌乙本。

一九三七年至四〇年：隨同倓虛老法師在長春般若寺傳戒，講四分戒律，並往來於東北各省、北京、天津、山東等地，講經弘法。其間曾接觸來自西藏的藏僧，引動了赴西藏學習密法的因緣。

一九四〇年：由北京至香港、新加坡、印度弘法並朝禮佛陀遺跡。

一九四一年：轉赴西藏拉薩學習密法，住在西藏黃教三大寺之一的色拉寺學習經論五年，依止夏巴仁波切，赤江仁波切，並因能海老法師的引進參拜康薩仁波切。

一九四五年至一九四九年：轉赴西康等地參學，總計在西藏學習密法達十年之久。

一九五〇年：由西藏返回中國內地，被錯判刑十五年，勞動改造十八年，入獄長達三十三年。在獄中，他經常觀想一句偈頌：「假使熱鐵輪，在汝頂上旋，終不以此苦，退失菩提心。」奠立了爾後重回佛教，弘揚佛法的信心。

一九八二年：平反出獄，回北京任教於北京中國佛學院。在這段時間如法修學地藏法門，重啓弘揚經論的智慧。

一九八四年：接受福建南普陀寺妙湛老和尚、圓拙長老之邀，到廈門南普陀寺重建閩南佛學院，並擔任教務長一職，開講《華嚴經》、《法華經》、《楞嚴經》、〈大乘起信論〉等。

一九八七年：應美國萬佛城宣化上人之邀，赴美數月後返回中國。

一九八八年：應美國洛杉磯妙法院旭朗法師之請，再次赴美弘法，開講

《占察善惡業報經》、〈華嚴三品〉、《地藏經》、《心經》、《金剛經》、《華嚴經》等，並數度應弟子邀請到加拿大、紐西蘭、新加坡、香港、台灣等地區弘法。

二〇〇四年：住五台山靜修，並於普壽寺開講《大方廣佛華嚴經》。

二〇〇六年：講演《華嚴經》同時，並應四眾弟子啓請，同時開講《大乘大集地藏十輪經》。

二〇〇七年：《大方廣佛華嚴經》講演圓滿，歷時三年又一個月，共五百餘座。並以九三高齡再度開講《大乘妙法蓮華經》。

華嚴經淨行品

● 經文

大方廣佛華嚴經淨行品

唐 于闐國三藏沙門實叉難陀奉詔譯

爾時智首菩薩問文殊師利菩薩言：佛子！菩薩云何得無過失身語意業？云何得不害身語意業？云何得不可毀身語意業？云何得不可壞身語意業？云何得不退轉身語意業？云何得不可動身語意業？云何得殊勝身語意業？云何得清淨身語意業？云何得無染身語意業？云何得智爲先導身語意業？云何得生處具足、種族具足、家具足、色具足、相具足、念具足、慧具足、行具足、無畏具足、覺悟具足？

云何得勝慧、第一慧、最上慧、最勝慧、無量慧、無數慧、不思議慧、無與等慧、不可量慧、不可說慧？

云何得因力、欲力、方便力、緣力、所緣力、根力、觀察力、奢摩他力、毗鉢舍那力、思惟力？

云何得蘊善巧、界善巧、處善巧、緣起善巧、欲界善巧、色界善巧、無色界善巧、過去善巧、未來善巧、現在善巧？

云何善修習念覺分、擇法覺分、精進覺分、喜覺分、猗覺分、定覺分、捨覺分、空、無相、無願？

云何得圓滿檀波羅蜜、尸波羅蜜、羼提波羅蜜、毗黎耶波羅蜜、禪那波羅蜜、般若波羅蜜、及以圓滿慈、悲、喜、捨？
云何得處非處智力、過未現在業報智力、根勝劣智力、種種界智力、種種解智力、一切至處道智力、禪解脱三昧染淨智力、宿住念智力、無障礙天眼智力、斷諸習智力？
云何常得天王、龍王、夜叉王、乾闥婆王、阿修羅王、迦樓羅王、緊那羅王、摩睺羅伽王、人王、梵王之所守護恭敬供養？
云何得與一切眾生爲依、爲救、爲歸、爲趣、爲炬、爲明、爲照、爲導、爲勝導、爲普導？
云何於一切眾生中爲第一、爲大、爲勝、爲最勝、爲妙、爲極妙、爲上、爲無上、爲無等、爲無等等？

爾時文殊師利菩薩告智首菩薩言：善哉！佛子！汝今爲欲多所饒益，多所安隱，哀愍世間，利樂天人，問如是義。佛子！若諸菩薩善用其心，則獲一切勝妙功德。於諸佛法心無所礙，住去來今諸佛之道，隨眾生住恆不捨離，如諸法相悉能通達，斷一切惡具足眾善。當如普賢色像第一，一切行願皆得具足，於一切法無不自在，而爲眾生第二導師。佛子！云何用心能獲一切勝妙功德？佛子！

菩薩在家，當願眾生，知家性空，免其逼迫。

孝事父母，當願眾生，善事於佛，護養一切。

妻子集會，當願眾生，冤親平等，永離貪著。
若得五欲，當願眾生，拔除欲箭，究竟安隱。
妓樂聚會，當願眾生，以法自娛，了妓非實。
若在宮室，當願眾生，入於聖地，永除穢欲。
著瓔珞時，當願眾生，捨諸偽飾，到眞實處。
上昇樓閣，當願眾生，昇正法樓，徹見一切。
若有所施，當願眾生，一切能捨，心無愛著。
眾會聚集，當願眾生，捨眾聚法，成一切智。
若在厄難，當願眾生，隨意自在，所行無礙。
捨居家時，當願眾生，出家無礙，心得解脫。

入僧伽藍，當願眾生，演說種種，無乖諍法。
詣大小師，當願眾生，巧事師長，習行善法。
求請出家，當願眾生，得不退法，心無障礙。
脫去俗服，當願眾生，勤修善根，捨諸罪軛。
剃除鬚髮，當願眾生，永離煩惱，究竟寂滅。
著袈裟衣，當願眾生，心無所染，具大仙道。
正出家時，當願眾生，同佛出家，救護一切。
自歸於佛，當願眾生，紹隆佛種，發無上意。
自歸於法，當願眾生，深入經藏，智慧如海。
自歸於僧，當願眾生，統理大眾，一切無礙。

受學戒時，當願眾生，善學於戒，不作眾惡。
受闍黎教，當願眾生，具足威儀，所行眞實。
受和尚教，當願眾生，入無生智，到無依處。
受具足戒，當願眾生，具諸方便，得最勝法。
若入堂宇，當願眾生，昇無上堂，安住不動。
若敷牀座，當願眾生，開敷善法，見眞實相。
正身端坐，當願眾生，坐菩提座，心無所著。
結跏趺坐，當願眾生，善根堅固，得不動地。
修行於定，當願眾生，以定伏心，究竟無餘。
若修於觀，當願眾生，見如實理，永無乖諍。

捨跏趺坐，當願眾生，觀諸行法，悉歸散滅。
下足住時，當願眾生，心得解脫，安住不動。
若舉於足，當願眾生，出生死海，具眾善法。
著下裙時，當願眾生，服諸善根，具足慚愧。
整衣束帶，當願眾生，檢束善根，不令散失。
若著上衣，當願眾生，獲勝善根，至法彼岸。
著僧伽黎，當願眾生，入第一位，得不動法。
手執楊枝，當願眾生，皆得妙法，究竟清淨。
嚼楊枝時，當願眾生，其心調淨，噬諸煩惱。
大小便時，當願眾生，棄貪瞋癡，蠲除罪法。

事訖就水，當願眾生，出世法中，速疾而往。
洗滌形穢，當願眾生，清淨調柔，畢竟無垢。
以水盥掌，當願眾生，得清淨手，受持佛法。
以水洗面，當願眾生，得淨法門，永無垢染。
手執錫杖，當願眾生，設大施會，示如實道。
執持應器，當願眾生，成就法器，受天人供。
發趾向道，當願眾生，趣佛所行，入無依處。
若在於道，當願眾生，能行佛道，向無餘法。
涉路而去，當願眾生，履淨法界，心無障礙。
見昇高路，當願眾生，永出三界，心無怯弱。

見趣下路，當願眾生，其心謙下，長佛善根。
見斜曲路，當願眾生，捨不正道，永除惡見。
若見直路，當願眾生，其心正直，無諂無誑。
見路多塵，當願眾生，遠離塵坌，獲清淨法。
見路無塵，當願眾生，常行大悲，其心潤澤。
若見險道，當願眾生，住正法界，離諸罪難。
若見眾會，當願眾生，說甚深法，一切和合。
若見大柱，當願眾生，離我諍心，無有忿恨。
若見叢林，當願眾生，諸天及人，所應敬禮。
若見高山，當願眾生，善根超出，無能至頂。

見棘刺樹，當願眾生，疾得翦除，三毒之刺。
見樹葉茂，當願眾生，以定解脫，而爲蔭映。
若見華開，當願眾生，神通等法，如華開敷。
若見樹華，當願眾生，眾相如華，具三十二。
若見果實，當願眾生，獲最勝法，證菩提道。
若見大河，當願眾生，得預法流，入佛智海。
若見陂澤，當願眾生，疾悟諸佛，一味之法。
若見池沼，當願眾生，語業滿足，巧能演說。
若見汲井，當願眾生，具足辯才，演一切法。
若見涌泉，當願眾生，方便增長，善根無盡。

若見橋道，當願眾生，廣度一切，猶如橋梁。

若見流水，當願眾生，得善意欲，洗除惑垢。

見修園圃，當願眾生，五欲圃中，耘除愛草。

見無憂林，當願眾生，永離貪愛，不生憂怖。

若見園苑，當願眾生，勤修諸行，趣佛菩提。

見嚴飾人，當願眾生，三十二相，以爲嚴好。

見無嚴飾，當願眾生，捨諸飾好，具頭陀行。

見樂著人，當願眾生，以法自娛，歡愛不捨。

見無樂著，當願眾生，有爲事中，心無所樂。

見歡樂人，當願眾生，常得安樂，樂供養佛。

見苦惱人，當願眾生，獲根本智，滅除眾苦。
見無病人，當願眾生，入眞實慧，永無病惱。
見疾病人，當願眾生，知身空寂，離乖諍法。
見端正人，當願眾生，於佛菩薩，常生淨信。
見醜陋人，當願眾生，於不善事，不生樂著。
見報恩人，當願眾生，於佛菩薩，能知恩德。
見背恩人，當願眾生，於有惡人，不加其報。
若見沙門，當願眾生，調柔寂靜，畢竟第一。
見婆羅門，當願眾生，永持梵行，離一切惡。
見苦行人，當願眾生，依於苦行，至究竟處。

見操行人，當願眾生，堅持志行，不捨佛道。
見著甲冑，當願眾生，常服善鎧，趣無師法。
見無鎧仗，當願眾生，永離一切，不善之業。
見論議人，當願眾生，於諸異論，悉能摧伏。
見正命人，當願眾生，得清淨命，不矯威儀。
若見於王，當願眾生，得爲法王，恆轉正法。
若見王子，當願眾生，從法化生，而爲佛子。
若見長者，當願眾生，善能明斷，不行惡法。
若見大臣，當願眾生，恆守正念，習行眾善。
若見城郭，當願眾生，得堅固身，心無所屈。

若見王都，當願眾生，功德共聚，心恆喜樂。
見處林藪，當願眾生，應爲天人，之所歎仰。
入里乞食，當願眾生，入深法界，心無障礙。
到人門戶，當願眾生，入於一切，佛法之門。
入其家已，當願眾生，得入佛乘，三世平等。
見不捨人，當願眾生，常不捨離，勝功德法。
見能捨人，當願眾生，永得捨離，三惡道苦。
若見空鉢，當願眾生，其心清淨，空無煩惱。
若見滿鉢，當願眾生，具足成滿，一切善法。
若得恭敬，當願眾生，恭敬修行，一切佛法。

不得恭敬，當願眾生，不行一切，不善之法。

見慚恥人，當願眾生，具慚恥行，藏護諸根。

見無慚恥，當願眾生，捨離無慚，住大慈道。

若得美食，當願眾生，滿足其願，心無羡欲。

得不美食，當願眾生，莫不獲得，諸三昧味。

得柔軟食，當願眾生，大悲所熏，心意柔軟。

得麤澀食，當願眾生，心無染著，絕世貪愛。

若飯食時，當願眾生，禪悅爲食，法喜充滿。

若受味時，當願眾生，得佛上味，甘露滿足。

飯食已訖，當願眾生，所作皆辦，具諸佛法。

若說法時，當願眾生，得無盡辯，廣宣法要。
從舍出時，當願眾生，深入佛智，永出三界。
若入水時，當願眾生，入一切智，知三世等。
洗浴身體，當願眾生，身心無垢，內外光潔。
盛暑炎毒，當願眾生，捨離眾惱，一切皆盡。
暑退涼初，當願眾生，證無上法，究竟清涼。
諷誦經時，當願眾生，順佛所說，總持不忘。
若得見佛，當願眾生，得無礙眼，見一切佛。
諦觀佛時，當願眾生，皆如普賢，端正嚴好。
見佛塔時，當願眾生，尊重如塔，受天人供。

敬心觀塔，當願眾生，諸天及人，所共瞻仰。
頂禮於塔，當願眾生，一切天人，無能見頂。
右繞於塔，當願眾生，所行無逆，成一切智。
繞塔三帀，當願眾生，勤求佛道，心無懈歇。
讚佛功德，當願眾生，眾德悉具，稱歎無盡。
讚佛相好，當願眾生，成就佛身，證無相法。
若洗足時，當願眾生，具神足力，所行無礙。
以時寢息，當願眾生，身得安隱，心無動亂。
睡眠始寤，當願眾生，一切智覺，周顧十方。
佛子！若諸菩薩如是用心，則獲一切勝妙功德，一切世間諸天、魔、梵、沙門、婆羅門、乾闥婆、阿修羅等，及以一切聲聞、緣覺所不能動。

大方廣佛華嚴經淨行品竟

華嚴經淨行品

夢參老和尚講述

華嚴經淨行品

前言

開始講述《大方廣佛華嚴經》〈淨行品〉之前，我們先講《大方廣佛華嚴經》經題，再講〈淨行品〉內文的部份。

「大」是說佛的體，「方」是說佛的相，「廣」是說佛的用，「大方廣」就是說佛的體相用。《華嚴經》講的是佛的果德，講佛的果德就不像講一般其他的經論，容易懂，容易入。講佛的果德就是使我們理解到，成佛之後所有的妙用是不可思議的。

「大方廣」是佛的體相用，我們用通俗的說法舉例說明。地水火風空根識－「七大」，這「七大」成就我們這一個人，一切衆生都離不開這個「七大」，包括四法界，都是「七大」所組成的。這個「七大」就譬如總體，因這個「七大」成就種種的相，彼此就不同了，例如佛佛道同，但是極樂世界的阿彌陀佛或東方琉璃光世界的藥師佛，與我們這個婆娑世界的釋迦牟尼佛，彼此的相就不一樣，爲什麼呢？因爲妙用不一樣，儘管體同，相卻有差別。佛的功德相，因爲願力的關係，有所不同，所以一切衆生儘管都是「七大」所組成的，但是差別還是很大的。同樣是人，在這個人的相當中，各種的膚色不同，語言不同，男女之相，老少之相，相有種種的差別，而相不同所起的作用也不同。

「佛」就是這部經的主。佛是覺者，自覺、覺他、覺行圓滿，三覺圓明成就佛果。

「華」是因。現在我們都種了成佛的因，這個「華」就是「因華」，「因華」一定要能結果，結什麼果呢？結佛果。

「嚴」是莊嚴，用「因華」莊嚴所成就的佛果。因你發的願，「嚴」就是你所得的果，因不同所以果也不同。我前面舉極樂世界、東方藥師琉璃光如來世界，跟我們的世界，和無量諸佛世界，由於各個的佛從體上來說，是一。從他報身、法身來說，是一。從他的化度眾生權巧方便智就不同了，各依各的願力成就的佛果道，這個因就成了這樣的果，那個因就成了那樣的果，果是一，沒有差別。所以「嚴」就是莊嚴的意思，極樂世界那麼樣莊嚴，我們所看見的娑婆世界是不莊嚴的，這是我們看的，在《華嚴經》上叫華藏世界，極樂世界、東方世界，同在華藏世界之中。

在種種光明蕊香幢裡，一個幢上有二十層世界，華藏世界是在第十三層。這個華藏世界的周圍，有三千大千世界微塵數的世界圍繞，像藥師佛的世界，阿彌陀佛的世界，乃至於《華嚴經》所說到的世界，都屬於第十三層華藏世界海。其他的每一層的情況，都不一樣，我們暫時先懂了這麼一個大概的意思。

「經」是貫穿的意思，像這部經所貫穿的涵義非常的廣，而且這部大經還沒有傳譯到中國之前，就有《十地經》的單本流行，也就是《華嚴經》的〈十地品〉。我們要知道，這部《華嚴經》跟其它的經不同，我們稱為「經中之王」，這部經在印度流傳的僅僅是《下本華嚴》，傳說翻到中國來也沒有齊全，這部《下本華嚴》共有十萬偈，一偈是四句，「若人欲了知，三世一切佛，應觀法界性，一切唯心造。」這四句稱為一個偈誦，一共有十萬偈。還有好多品類，共有四十八品。現在我們所見的僅僅四十品，應該有五萬偈，但是翻譯到了我們這個國度來的，只有四萬多偈，算是下品。中品，有四十九萬八千八百偈，一千兩百品，比起我們現在這部《華嚴經》，份量大得多了。

龍樹菩薩最初到龍宮讀取《華嚴經》的時候，這個四十九萬八千八百偈，他能受持，但他感覺到閻浮提眾生受持不了，無法流傳，仍然保存在龍宮裡頭。上品，就有十三千大千世界微塵數偈，把十三千大千世界抹爲微塵，一微塵一偈，有一四天下微塵數品，龍樹菩薩感覺到他的智慧力不能受持，更不用說傳到我們娑婆世界來。所以我們現在所有的就是僅僅這部《下本華嚴》，《下本華嚴》也還不齊全，經過三次翻譯，晉譯的叫《六十卷華嚴》，唐譯的叫《八十卷華嚴》，在唐德宗的時代，又譯出《四十卷華嚴》，也就是〈普賢行願品〉別行本。所以說，《六十華嚴》、《八十華嚴》以及《四十華嚴》都沒有齊全。以上是大略講解《大方廣佛華嚴經》經題的意思。

〈梵行品〉部份我們不講經題，因爲〈梵行品〉跟〈淨行品〉是連在一起的，爲什麼我先選〈淨行品〉來講呢？〈淨行品〉是增長我們的信心，也就是十信位菩薩所要修行的方法。這部〈淨行品〉是對著信位菩薩說的。而〈十住品〉是已經到了初住—發心住之後，相似見得一眞法界，初住位的發心衆，他一發心，就能相似成佛。登了初住位，他能夠到百千世界示現成佛，都是化身佛，也能示現佛身說法利益衆生，因此叫〈梵行品〉。〈梵行品〉，就是講一眞法界的意思。接下來是〈普賢行願品〉，那是深入法界證得究竟的極果了，所以才能重重無盡。

這三品的涵義都不同，我們先講〈淨行品〉比較好入一點，從淺入深。這一部經總共三十九品，〈淨行品〉是第十一品，在《八十卷華嚴》，它是第十四卷。接著的是第十二品──〈菩薩問明品〉，接著是〈十住品〉，十住品才算起位，入了位之後，發心能夠徹證果德，能夠理解果德。因此〈淨行品〉有三種的意思，前一品是解，理解信的意思；後一品是明位，入了相似得到法身的道理，但是不能證得，他明白這個發心，跟他最初的初信發心，是不一樣的。而現在大家也欠發菩提心，我們這個發菩提心跟初信有信位的人，所發的菩提心是不一樣的，我們舉例說明一下。

初信位的菩薩能夠覺知前念起惡，止其後念不起，發覺這個思想想得不對，馬上就止住了。他能夠念念不忘三寶，就這麼淺顯的境界，我們做不到，因此，我們只是欣樂佛法而已。〈淨行品〉具足了願和行，大家看一看經文就知道了。但是對於〈淨行品〉的翻譯，古代大德很用心的思考，來適應我們。〈淨行品〉在印度的梵語，就是「具足囉波利須提」，名字很長，應該是七個字，「具足囉」就翻「成所行」，所做的，每一天都做什麼，「具足囉」就是所做的。「波利」就是「遍」，「遍」就是普遍的意思，當「皆」字講或是當「遍」字講都可以，那麼你所行的，包括你一切所行的，我們再加上意，心裡所想的，也在算內。「須提」就是「清淨」，綜合起來，就是〈清淨品〉，如今改成了〈淨行品〉，「淨」是清淨的意思，「遍」的意思就是我們所做的，不論是身體所行的，心裡所想的，所有三業的行爲。您怎樣做，才能達到清淨，就是這一品的涵義。

我們再擴充講一下。三業隨緣，隨緣一切法是因緣生的，我們隨什麼緣，就要做什麼事。譬如說我們找工作，不論是餐館打工的，做電腦的，或者是站櫃台的，就是你所做的一切業，乃至包括我們在家裡頭什麼事都做，待客、照顧小孩、廚房，這也是行，都包括在裡頭。要他清淨，不容易。怎麼樣才能清淨呢？心清淨，一切都清淨。就是您所行的三業，心裡所想的，口裡所說的，身體所做的，一定要防過。「過」，就是不清淨，有污染！要防止一切過患，達到清淨，就是這個「淨」字。離開過錯之後，你所做的都變成功德。你作賺錢想就是賺錢，如果不作賺錢想，而是行菩薩行的，行菩薩道的，那麼你所做的一切都是清淨心，看你怎麼樣用心。

所以智首菩薩問文殊菩薩，如何能夠達到身語意清淨？文殊菩薩就告訴他「善用其心」。他問了一百一十種，文殊師利答他一百四十一種。這就叫清淨。怎麼解釋？以智爲首的慈悲心，有悲智雙運就是「行」，悲智雙運就是「淨」。以智爲導來行大悲就是「淨」，兩者同時運行是利益衆生者，那就是「淨行」，這種行爲超過了凡夫，超過了小乘了，所以就稱「清淨行」。

這一品所說的大致都是這類的涵義。因爲《華嚴經》比較深一點，我們儘量用淺顯一點的語言，讓大家能夠明白，不然時間就浪費了，聽完了總得有點好處，否則我們去打工，一個鐘頭還可以賺幾塊錢。若在這兒坐兩個鐘頭，聽我這麼一說，沒有那種價值，但是聽經的價值也不是那種價值所能衡量的，聽經的價值包括了你未來的無量劫。你要是懂得我前面所說的意思，不論你做什麼事情，你舉足，下足走路，都是文殊行，這叫「善用其心」，你所有的見聞覺知，耳朵聽見的，眼睛看見的，思惟理解到的，都是普賢行，普賢的行門。

〈淨行品〉這一品要達到什麼目的？每一品每一句話都有它的宗旨，我們趣向什麼？要想達到什麼？這條路我們怎麼走？我們走的這條道路是菩提道，是自體相用的道，以前解釋的，就是我們所要走的道，但是在事上，我們做起事情來，緣不一樣了，我們怎麼樣做？隨因緣而起行的時候，就是你要做一切事情的時候，要善巧發願，文殊菩薩告訴智首菩薩，就是要發願，遇到每一件事就發願，要當願眾生如何如何。這個發願對於你所行的有什麼好處呢？達到什麼目的呢？心不散亂。

去年打佛七，有好多道友說，雖然打佛七，心散亂不能集中，也就是不能一心，如果你行〈淨行品〉，用心長了，你能攝心一處的，那麼這一品就能夠幫助你，做爲你的增上緣，增長你的大智大悲，這就是目的，也就是這一品的宗旨，也就是成就了普賢的行門，成就普賢的十德，這就是我們所趣向的，我們所需的。但是在經文當中有個問題，譬如我們經常講「修行」，可是在〈淨行品〉裡頭好像沒有說到「修行」這兩個字；當我們一進廁所，要洗手、入廁的時候，我們知道要棄貪瞋癡，心裡頭作如是想，如果去掉了貪瞋癡，就是成就戒定慧。雖然沒有說「修行」，其實心裡緣念棄除貪瞋癡，這就是「修行」。以我們出家人爲例，我們已經出家了，從出家的開始一直到最後，你所行的，所經歷的都有願，從我們早晨一起來到晚上，乃至睡覺都有願，一天所做的，你遇見什麼事，你發什麼願，當然這一百四十一種，也不是完全的，你可以自己編。所謂自己編，是就你遇見到的事，自己發個願，當願衆生，願衆生都能如何如何，你就看你所做的事情，跟著來發願，這就叫「修行」了。

在《華嚴經》講「修行」，就是「善用其心」。離開心之外，就沒有「修行」。常常如是用心，遇到一切境界相你不迷惑，觸境不迷，如《楞嚴經》所說的，心能專精，心能轉境。不被境界所轉所迷惑，也就是看得破，放得下。像這樣用心，能引導與啓發你的智慧；有了智慧，做什麼事情都能通達無礙。如果沒有這種智慧，無論做什麼事，都會計較利益得失，有利我者就做，對我沒什麼利，我就不做！這是不行的，這不叫「淨行」，叫「染惑惡行」。如果不計較自己的得失，以無我智爲引導，慈悲心利益一切衆生，悲智雙運、成就自他二利，就是〈淨行品〉的成就。

菩薩修行的條件

爾時智首菩薩問文殊師利菩薩言：佛子！菩薩云何得無過失身語意業？云何得不害身語意業？云何得不可毀身語意業？云何得不可壞

身語意業？云何得不退轉身語意業？云何得不可動身語意業？云何得殊勝身語意業？云何得清淨身語意業？云何得無染身語意業？云何得智爲先導身語意業？

這一段是總問，以下諸段是別問。這個法會的發起人是智首菩薩，智首菩薩在我們娑婆世界的下方。經過很多很多的世界，那兒有個世界名字叫玻璃，佛的名字叫梵智如來，智首菩薩是他的上首弟子，就像文殊師利菩薩在釋迦牟尼佛身邊一樣，是上首弟子，又稱爲法王子。菩薩的涵義呢？菩薩是「菩提薩埵」，翻成國語就是「覺有情」，幫助一切衆生覺悟，幫助一切衆生成佛，就是菩薩。菩薩的名字是以德成名，由他所修行的德行而取的名號。〈淨行品〉是以文殊師利菩薩爲會主的，由智首菩薩來請問他。

「云何得無過失身語意業？」皈依三寶之後要發菩提心，行菩薩道，身口意不犯錯誤，沒有一點過失，怎麼樣能達得到？這些問題，等智首菩薩都問完了，文殊師利菩薩才回答他。第一個問題，菩薩要怎麼樣做才能夠不犯過？身語意三業，業是作為，或造作，他的口裡頭發言，身體做一些事情，意所思念的，要怎麼樣才能夠沒有過失，才能夠超勝尊貴呢？

「云何得不害身語意業？」不害身語意業就是常饒益眾生，不惱害眾生。身語意業，一言一行，一舉一動，眾生見著、聞著，都能生歡喜心。這個惱害有另一種意思，特別是我們對別人講佛教道理的時候，你念阿彌陀佛，也要跟人講清楚念阿彌陀佛的好處，如果你講不清楚，使他生起毀謗，就是害他了。勸人家念經是不錯的，他拿經一念，反倒毀謗，有這種事嗎？確實有這種事。勸人家念《地藏經》，他最初對佛教全不了解，他一念又碰見一些人跟他說，什麼經不好念反而念地獄念鬼啊！聽了就煩惱了。你跟他說的時候，沒給他解釋清楚，你沒有告訴他《地藏經》的眞正義理，你會讓人家生起煩惱，這是有害的。怎麼樣才能不害，怎麼樣饒益有情界，才能達到利益眾生的目的？應該怎麼做呢？也是問號，「云何」全是問號。

「云何得不可毀身語意業？」必須使眾生沒有疑惑，必須使眾生能夠聞了法之後立得住，再不毀戒毀信。信了，功德不錯，但是，或者是你的講解，或者是你的行，沒有引導他能夠到達不退墮，退墮就叫毀，像破戒、毀戒。毀戒就是破戒的意思，這跟壞字相通的，但是他把毀跟壞分開來。

「云何得不壞身語意業？」於佛的實德能生起信心，而且懂得佛的十力加持。如果遇到惡緣就不會壞你的淨行，不會壞你的善根。有些人信了佛之後，心裡很誠懇也很修行，如果碰見一個人對他說：「我教你氣功或者教你一個咒語！」這不是三寶的，你當成眞實的，或者另外教你神通，這都是我們最喜歡的。很多人在這兒上面，毀壞他的身語意業，不能增長淨行。

「云何得不退轉身語意業？」退轉就是不精進，進進退退，或者信，又不信了，或者聽別人一說，你又懷疑了。當你修行的時候，遇到一點障礙，或者你心裡煩惱，或者是外邊的境界，有了一些魔障，你就會退。怎麼樣能保持不退？

「云何得不可動身語意業？」不可動，動就是不寂靜，要能夠寂靜，不執著於相。修行的時候，不著相，那就是不動的身語意業，得到定力了。

「云何得殊勝身語意業？」殊勝就證得涅槃了。要如何得殊勝身，不生滅才是殊勝身。「云何得清淨身語意業？」清淨身語意業就是對一切法能夠善巧分別，方便善巧。清淨是根本智，由清淨智起方便善巧慧。

「云何得無染身語意業？」無染是對一切境界，心不貪戀，緣境的時候，不起虛妄分別，不起執著。

「云何得智爲先導身語意業？」以清淨的智爲先導生起大悲心，屆時所行的、所做的，都是普賢行，怎麼能做得到呢？明明是打工，明明在餐館，或者還在葷餐館，甚至還有意殺生，如何把這個變成普賢行？很不容易！你要是能夠以智慧力觀想，轉變那個境界，本來是惡，轉惡成善，轉世間法成出世間法，以上十種，深入說是佛智，要到成了佛身語意業，才能夠沒有過失。沒成佛之前誰都有，有無明就有錯誤。

因此要到成了佛之後，身語意業清淨了，才能夠無過失。云何能夠徹底饒益一切眾生呢？也得成了佛，達到究竟了。智首菩薩問的意思，是說一切眾生怎麼樣才能夠成佛，達到佛所具足的十種智力，不再惱害眾生，能夠徹底饒益眾生。這十個偈，就是這樣解釋的。智首菩薩只是問，到了經文裡頭，文殊菩薩答的，是一百四十一種，怎麼樣做怎麼樣能成就。下面還有一百問，這一百問都是這個涵義，一個是果上說，一個是因上說，因上說，我們在因地發心的時候，知道佛果怎麼能到究竟處，身語意業永遠清淨了，那樣才能夠達成清淨行。你所行的，所做的，都能夠清淨。

成為佛弟子的條件

云何得生處具足、種族具足、家具足、色具足、相具足、念具足、慧具足、行具足、無畏具足、覺悟具足？云何得勝慧、第一慧、最上慧、最勝慧、無量慧、無數慧、不思議慧、無與等慧、不可量慧、不可說慧？

這以下又有十問，如何能夠「生處具足」？這是指你轉世再生的時候。「種族具足」就是種姓尊貴，這個說法是根據印度的四種種姓，刹帝利種就是尊貴種族，這是貴族的。婆羅門種就是「淨裔」，這就是「種族具足」。「家具足」呢？信仰三寶的家庭，就算「家具足」，這是很好的。「色具足」？色相莊嚴，相貌很莊嚴，很美滿的。另一個涵義就是六根不缺，不是瞎子，不是瘸子，若是跛子，六根就不足了，「相具足」是這種意思，諸根不壞。「念具足」，就是正念不失，這是形容一個人，他生的地方很好，有佛法，生到大貴的家庭，也能夠讀書。讀書，在美國、加拿大好像很簡單，那是你生到這兒來了，我們大陸上，有好多地區想讀小學都很難！四川有一個縣，有一戶家人，兄妹要上街，只有一條好的褲子，輪流著穿。有一位在紐約的菩提心基金會的會員，到四川作生意的時候，他在那邊看到這種情形，回來發起捐助，每一個人只要十塊錢美金，就能供一個學生念一年，勸大家支助。有些事在客觀環境上，你的福報具足了，感覺很簡單，要是不具足，就感覺難得不得了。「相具足」也很不容易，有些人六根不全的，有的生下來六根很全，以後害病了，變得呆癡了，或者出了車禍了，變得六根不全。這種事很多，大家都看得到的。怎麼樣能得到「慧具足」？「慧具足」就是智慧具足，能辨別事理眞相，不被塵勞所困。

「行具足」，行就是修行，在你修行的時候，能圓滿一切行門，凡是講「具足」兩個字就是圓滿。「無畏具足」，「無畏具足」就是自信堅定，遇到什麼挫折，心無畏懼，意不顚倒，不會遇到挫折就退墮了。因爲信了佛之後，由於家庭的因緣，還有其他的障礙你就放下不信，但是你要善巧，「具足善巧智」就是這種關係。「覺悟具足」，「覺悟具足」就是對世間法經常生起覺悟心，不被世間法所迷，不被世間法所迷就是「覺悟具足」了。

「云何得勝慧、第一慧」等十慧？慧是分別的意思，智是照了的意思。

慧是能夠簡別，簡別什麼是惡，什麼是善。說到智，根本智就是修道的體，慧就是用，能簡別是非。勝慧就是超出世間，第一慧是超過二乘，簡別的時候，最上慧就超過權乘菩薩。「最勝慧」就是佛果上的慧，最殊勝的慧就是「勝慧」、「無量慧」，慧是沒有份量的，不能衡量慧的大小，「無量」就是沒有份量的意思。「無數慧」，慧也不是有個數量，而一百是多，十個就是少，這是無量的意思。「不思議慧」，就是「言語道斷，心行處滅。」心裡想，想不到；語言論，論不到。思，就是意念思惟；議就是口裡辯論；不思議就是不能用世間的知識，世間的聰明，如世智辯聰等。

「無與等慧」，沒有能與它相等的智慧。「不可量慧」也與前面那個「無量慧」，稍有區別，不是比較的，這個慧不用比較的。「不可說慧」，那麼就是說證了才知道，唯證方知。這十種慧，在這個問答當中，後面的答，就是互相的辯論，才能懂得這個義理。這是辯論，誰跟誰辯論呢？智首菩薩跟文殊師利菩薩辯論，其實智首菩薩是明白的，因爲我們未來的這些衆生不能明白所以才發起的，讓我們認識。對我們來說，我們學他的時候就是我們想得到，怎麼才能得到？文殊菩薩告訴你的，就是修行的方法，得到以上這個方法，有淺有深。我們最初得到的時候淺一點，以後就逐漸的深入了。以下我們講修行力的功德。

菩薩最基本的力量

云何得因力、欲力、方便力、緣力、所緣力、根力、觀察力、奢摩他力、毗鉢舍那力、思惟力？

希望成就佛的菩提果，你要發心，發心就是許願，發心的時候就是因，你信佛了，這就是有力量了，這就叫「因力」。因爲心裡有力量了，你就有希望了。有「欲力」，想求佛的果德，那就修，要起行。「方便力」是說在你修的時候，你要有善巧方便，我們不說很深的，只說我們現前的具體的問題。你在家裡頭要念經，先生要上班，你念經不妨礙他，兩間屋子，我到另外一間屋子去念，你沒有妨礙到他，但是他生起煩惱，他跟你做障礙，在這中間你得想種種方便，讓他不給你做障礙。念經本來是求福，要是你家裡頭的眷屬們不滿意了，互相爭執，你就沒有方便沒有善巧。但，是不是不修了呢？也不是不修，你自己就得用一種善巧方便，不一定作形式，不能念經，就唸佛號，不能念〈普門品〉，念觀世音菩薩聖號也一樣。只要你把心能夠安於那個心境，心能夠轉變外邊的環境，不讓外境對你的修行起種障礙力，這叫「方便力」。最初方便，我們打的主意不見得好，也不見得可靠，也不那麼理想，但是你想久了，它會有理想，有了力。所以後面都加個力，但是有了方便，還得有增上緣，緣力是你能緣的心，「所緣力」是外緣給你做增上，兩個都有力量。一個能緣，一個所緣。

「根力」是信，根是根本，你要想入佛門，信為根本，《華嚴經》就這樣講：「信為道源功德母，長養一切諸善根。」一切善根都因你的信才產生的，但是信必須生根，生了根就不退了，生了根了就能精進。信要是生了根，你是念念不忘三寶的，念念不離三寶。「觀察力」就是觀，觀察一切事物，觀察是非，這好多是重複的，名詞不同，義理上是一個的。同時在這「觀察力」以下，講一個止，又講一個觀，也講觀力。這個「觀察力」就是我們在觀一切事物，最初推究，好比一個事情，我們進一步研究，要推理，觀察這個事理的界限，什麼推理？就是定力，修定，修定就是止。那麼毗鉢舍那呢？就是觀。止是定，觀是慧，我們前面講止觀雙運，悲智雙運，都是這個涵義。

「思惟力」是總說以上的這幾種力，從「因力」一直到「毗鉢舍那力」，都靠你的靜慮思惟，這個「思惟力」應該改成「禪那」，「禪那」是更進一步的。「奢摩他」呢？我們可以把它改成「方便隨緣」，另外還有個「三摩地」也是方便隨緣的意思。這個「思惟力」就是禪那、靜慮、思惟。但是後面都加上「力」字，就是在你行的時候，產生效果，作用更大一點。以下講十善巧。

云何得蘊善巧、界善巧、處善巧、緣起善巧、欲界善巧、色界善巧、無色界善巧、過去善巧、未來善巧、現在善巧？

什麼叫「善巧」？我們總說吧！在理上說，善知一切法無所有，這就是「善巧」。「蘊」是五蘊，色、受、想、行、識五蘊，五蘊是空的。在《心經》上，觀自在菩薩說「照見五蘊皆空」，這是「善巧」，是根本智照，也就是在你修爲的當中，在理上能夠知道一切諸法空無所有，這是「善巧」的。但是你要知道，無所有並不是一切事物都壞。你要知道不壞假名，分別住相，這得有「善巧」。「善巧」的涵義很深，你要是說，沒得「善巧」的，一切法空了，空，你就以爲什麼都沒有了，不能「善巧」，從空出假。這個「善巧」的意思，知道一切法空，無所有，但是不壞世間相，這就是「善巧」。這是理上說。事上說，「善巧」不壞假名，還要分別名相，你才能夠證入。要不然你距離很遠，你入不了空，這個含著有虛空的意思，理事無礙或者事事無礙，那就深了！

「欲界善巧」，欲界的一切法，都能與理無礙圓融了，其中法法皆是法界，就是把這一法變成理了。就以身上拔根汗毛為例，這個汗毛好像很小，這是事。小到簡直無所有，我們要應用這善巧觀！把它觀成了，它就是一法界總相、法門體，一億三千大千世界在這裡頭，所以說：「於一毛端現寶王剎，坐微塵裡轉大法輪。」這就是善巧。善巧智能夠知道三界，緣念三界，但是在「欲界善巧」，你不會貪戀欲界，「色界善巧」，不會說色界的清淨，「無色界善巧」，也不會落於空寂，那種空是空寂的空，不是眞如理相的空。無色界沒有色相可得，但是它有識，並不是眞空，所以它還不能入了眞空，因此必須得善巧觀察。習定、習慧更需要善巧，不但三世要善巧，這個界處緣起，尤其是諸法緣起更不容易，佛教所講的最根本道理，就是緣起性空，因緣有好因緣，善因緣，那麼好因緣是性空的，惡因緣是不是性空的呢？在家庭中，夫婦一天到晚吵嘴，吵的不合，這是惡因緣；夫婦不吵嘴的，很和睦，一定是很好的。不管是惡因緣、善因緣，要是你會用智慧觀察，惡因緣叫硬冤家，善因緣叫軟冤家，硬軟兩個都是冤家，反正六界你出不去，大家互相牽扯，脫不了，因此必須得有善巧。這是「善巧」的涵義。要是分別名相，就很多了，把佛教的名相都集中來了，什麼五蘊、十八界、十二處，而緣起有很多種，在《華嚴經》講十種緣起。以下說的是七覺支。

云何善修習念覺分、擇法覺分、精進覺分、喜覺分、猗覺分、定覺分、捨覺分、空、無相、無願？

這又是十種問答，七覺支加上空、無相和無願，合成十個，因爲《華嚴經》問什麼答什麼，都以十數爲準，爲什麼要用十呢？表示圓滿。數字是一到十，你就是再數上無窮無盡的，也是一到十，在《華嚴經》裡是這樣的理解。

「云何善修習念覺分？」「念」就是憶念的意思，「覺」就是明白，我這念怎麼樣明白？念什麼算是明白？就是怎麼樣能夠證得「念覺分」？能夠不失於憶念正法，就這麼一句話，他問的涵義就是怎麼樣使修行者明白正法。什麼是正法？不是我們說是佛法、發菩提心，就是正法，它就本文說的，空、無相、無願就是正法。什麼是正法？性空緣起。這「念」是正念，我們再說淺近一點，我經常的囑咐大家憶念三寶，早晨一起床的時候，「皈依佛、皈依法、皈依僧」；晚上臨睡覺的時候，「皈依佛、皈依法、皈依僧」；爲什麼在這兩個時間念呢？你一天都念那更好，沒有時間的話，早起念十聲，晚上念十聲，早晚相繼，中間的不算，那麼廿四小時我都是念念不忘三寶，涵義就是這樣子，這也就是「念覺分」。經常的覺悟，不要失念，失了念就迷惑了，就是把指導你做事的那個思想，發之於身口意，使你的意念經常用三寶來指導，拿這個念頭是很好的。經常這樣念，念念分明與覺相應叫「念覺分」。

「擇法覺分」，你必須認識眞假，什麼是假的？什麼是眞的？現在在溫哥華，有些是假的，不是佛教，而他所說的卻引用佛教，你要認識清楚。他說他是眞佛，我們說他是假佛，不是佛，釋迦牟尼佛是眞佛，阿彌陀佛是眞佛。有人說釋迦牟尼佛不是佛，另外還有個眞佛，你必須要有分別，你得有擇法眼。抉擇、認識，不是分別是非人我，這裏不包含是非人我。說人家不對，我們這個對，這個不對的就是「非」，對的就是「是」，這不是也有是非嗎？那是正見的是非，如果不是這樣分辨的話，我們修行起來很困難，究竟依照那個呢？所以爲什麼要大家共同聽聽經，學習學習呢？你不學習你不知道。我們不知道哪個是圓教，哪個是二乘，哪個是人間的人天法，我們要是不學習，我們分不清楚。上面所說的這些話，每十種，都可以從淺入深，都可以變成人間的世間法，也可以變成出世間法，端看你的體會。也可變成二乘的，也可變成權乘菩薩的，也可以變成圓教的。就是你的觀念，你的思想，知道是什麼？這個是正確的？不正確的？所以這樣子，必須有個擇法，擇法就是辨別眞僞。

以前永嘉大師對擇法，他有四句話，「圓頓教沒人情，有疑不決直須爭，不是山僧逞人我，修行恐落斷常坑。」不是和尚來跟你爭這個是非，而是「修行恐落斷常坑」，修行人恐怕不是落於斷見，就落於常見。修了半天，熱氣都生不了，你還想成就嗎？是這個涵義。

「精進覺分」，精進就是你要分辨出眞法，精進去做了，佛所說的法都是告訴我們了生死的方法，你知道了，你怎麼不去了生死呢？就要去做，叫「精進覺分」。覺是經常的警覺。怎麼保持？這都是智首菩薩問的。說「擇法覺分、精進覺分、喜覺分、猗覺分、定覺分、捨覺分、空、無相、無願。」怎麼樣能夠達到？他問的，都等著文殊菩薩告訴他。

「喜覺分」呢？就是歡喜。怎麼樣歡喜的呢？我們在行善法的時候，得善法欲，是個喜，心裡頭感覺到非常的愉快、歡喜，念阿彌陀佛也好，誦大乘經典也好，你念佛的時候，念得心裡很歡喜，愈念愈想念，你是明白的。念經也是，我經常勸大家，因爲你有在家俗事纏著，功課少定點，別貪多。

看著《金剛經》不錯，《阿彌陀經》更好，《佛說大乘無量壽莊嚴清淨平等覺經》也好，你定的功課很多，一天兩天是可以堅持，長了是不行的。你可以念一〇八遍大悲咒，又單純又好念；你走路可以念，開車也可以念，又可以保安全，又單純。心裡也可以念，不一定出口，就定這麼一個法門，也可以，因爲你不是專業的。我們出家人可以多定點功課，你少定一點，我不是勸你們退，你們少定一點，你可以做得到，你定的很多，你做不到。與其你做不到，中間你退了，不如你最初不做！明白不？這個涵義並不是勸大家少做一點，如果你有時間，能夠這樣的精進、勇猛、發心，能夠對你所信仰的生起大歡喜，念佛念的生大歡喜，念經念的生大歡喜，有這種覺悟，那就可以。

「猗覺分」本來是定，那是定的初入門，方便的。通常叫做輕安覺分、輕安境界，除掉躁動了。「定覺分」就是心境一如，就是深入。那時候的心，不昏不掉，不掉舉就是不打妄想；不昏沈就是不昏眠，這種平等住心，即是定。

「捨覺分」，「捨」是捨掉的東西，什麼東西捨掉？虛妄不實的，不是真實的，應該捨掉，虛妄不實的東西要把它捨掉。因爲不是正法，要把它捨掉，因爲是不好的，要把它捨掉，總說一句就是虛妄法，不是真實的。什麼是虛妄法？「但有言說，都無實義！」我口裡說的，現在我講的，都是虛妄的。這虛妄的裡頭含著有種不虛妄的，你認識那個不虛妄的，不要在語言上去執著，這語言所顯示的，你去領悟，不要隨著舌根轉，隨著你那個意力來思惟。能捨得，你必須看破，看不破你捨不得，什麼都捨不得，捨得了還得放下，別留戀。捨得放下，那你就自在！捨得放下！自在！就看破！放下！照見一切皆空！

「空、無相、無願」是三解脫門。「空、無相、無願」，空的涵義就是要我們去掉執著，並不是把世間相壞了就叫做空，那種空不是真空。譬如說我們把這個物品消滅掉了，沒有了，那種空是屬於我們世間看法的空，或者叫做斷滅空。現在講的這個空，不是這個涵義。空者，空掉你的煩惱，空掉你的執著，空掉你的妄想，這樣的空。觀諸法無相，一切諸相，說無相者，是在理體上說，是我們心的妄想分別執著，那麼這個無相，是心不生相，外相，是這樣的，心無所住。譬如《金剛經》說：「無我相、無人相、無眾生相、無壽者相。」乃至於菩薩所做的一切事業，佛說沒有功德相，其實就是不執著而已。在一切相上，你不起妄念、不起分別、不執著，這樣的「無相」。「無相」就是實相，實相者無相，無相－下頭還有一句話－「無不相，而能成就一切相。」「無願」，並不是我們不發願。我們講〈普賢行願品〉，講隨時發四弘誓願，經常要發願，你想到這裡來聽經也得發願，你不發願你不會來的。「無願」也是不著的意思，「無願」故無所不願，成就眾生一切願，這樣的「無願」。你要是執著一願，發一兩個願，要執著，那其他的願就沒有了，而且這個功德就不大，一執著了功德就不大了。以下講六波羅蜜。

云何得圓滿檀波羅蜜、尸波羅蜜、羼提波羅蜜、毗黎耶波羅蜜、禪那波羅蜜、般若波羅蜜、及以圓滿慈、悲、喜、捨？

「檀波羅蜜」，這是說得到圓滿。菩薩在行因的時候，怎麼樣圓滿他的布施，檀波羅蜜就是布施。「尸波羅蜜」就是持戒，「毗黎耶波羅蜜」就是精進，「禪那波羅蜜」就是禪定，「般若波羅蜜」就是智慧。《華嚴經》講十波羅蜜，是從智慧波羅蜜發展的，慧、方、願、力、智。方就是方便、善巧；願，以願導行，有願才能去做，這個願是跟著智慧而生起的，這個智是指慧的根本智而生起的方便善巧。

云何得處非處智力、過未現在業報智力、根勝劣智力、種種界智力、種種解智力、一切至處道智力、禪解脫三昧染淨智力、宿住念智力、無障礙天眼智力、斷諸習智力？

這是佛的十力。智首菩薩問怎麼樣才能證得圓滿佛的十力？第一是「處非處智力」。佛能知道一切衆生，他現在的處所、今後生的處所，因爲佛能知道一切的事物，正面的反面的，各各方面的，從理上得知，從事上印證。說一切衆生的果報感受，他所生的處，或者是善或者是惡，或者是好壞。正報是形容的美醜、六根全不全，佛都能知道，一切菩薩也能相似知，但不圓滿，唯佛才能夠究竟圓滿，他能夠覺知一切衆生的處非處，這種智會產生不可思議的力量。

第二是知道三世業報的智力。說一切衆生三世輪轉，過去、現在、未來，這個三世不是說一個三世，現在生、過去生、未來生，這叫三生；三生還有三生，過去的本身還有過去，還有現在，還有未來；未來的本身，還有未來的未來，未來的現在，未來的過去；這三世就變成九世，以這個來推算，有無窮無盡的世，現在、過去、未來互相交錯推算。佛具有這種智力，都能知道。這是佛果上說的，如果我們要想證得，就要修。

第三是諸根勝劣的智力。佛能知道一切衆生的諸根勝劣，所謂根者，就是善根，或者是他做的業的惡根，像海那麼深，無窮無盡的。就是他所做的業，無窮無盡的，是好的嗎？好的就是勝，撇的就是劣，等到修行了之後，所證得的果位，有的果位經過他修證的關係，佛也能知道了解，清清楚楚的了解。

第四是道種種界的智力。佛能知道衆生心的起心動念，所感的果，佛都清楚知道，爲什麼佛對衆生說法可以對機呢？因爲佛的智慧能夠了解一切。我們說了解他的一切，從過去到現在，到將來的未來，將來的發展，根據他業的發展，能不能遇到三寶？能不能產生殊勝的因緣啊？轉變他的業，停止他的惡業？停止他的勝業？但是這裡是有條件的變化，例如我們大家現在學習〈華嚴三品〉，我們雖然沒有入法界，但是我們種下這個因，不論你懂多也好，懂少也好，乃至於不懂，你聽到一個《大方廣佛華嚴經》的名字，已經種下了那善根，像海那樣，不可思議。還有這種種的因緣，種種的條件，因此佛都能夠知道。

第五是種種解的智力。佛普知一切衆生在一切境界中，他能夠理解力，不同的理解，也就是不同的解脫。知見，是正知見、邪知見。

第六是遍趣行。佛能遍知六道有漏的衆生，他所行的都是有漏的業，有漏的行。他什麼時候能達到無漏涅槃的行爲，佛都知道。就是他在什麼時候得度了，能夠得到漏盡，那麼他趣向哪一道，佛都了解。

第七是住禪解脫三昧智力。佛是遍知一切禪定，是自在無礙的，在一切三昧之中，是無礙的，乃至於這個三昧是他所證得的智慧，這個三昧是深的三昧、還是淺的三昧，佛都能夠知道。

第八是知道過去、現在、未來的三世宿命。宿命多數是指過去說的「宿命智」，一般二乘的宿命智不究竟，大菩薩的宿命智不徹底，唯佛的宿命智是徹底的。佛能夠普知一切衆生過去世的種種事，乃至於證得無漏涅槃，有這種智慧力量。

第九是佛能知道一切衆生死的時候，乃至未來他生的善趣、惡趣，佛悉能了知。

第十是能斷諸習。就是我們斷了煩惱，乃至於破了無明了，還有種種習氣，好比我們現生所作所爲不知不覺流露的，別人說你，看見你，就知道你帶了過去生的習氣，像阿羅漢就特別多。能斷漏盡的智力，佛於一切的妄惑、餘習，都能斷盡，永斷不生，就是究竟佛果。這是佛的十種智力。

云何常得天王、龍王、夜叉王、乾闥婆王、阿修羅王、迦樓羅王、緊那羅王、摩睺羅伽王、人王、梵王之所守護恭敬供養？

得到一切諸王的擁護，得到一切諸王的供養。十王之中，「天王、梵王」是屬於天道的；「龍王、迦樓羅王、摩睺羅伽王」，是屬於畜牲道的。「夜叉王、乾闥婆王、緊那羅王」這幾種是非天道，非天王，也非人道，存在於天人之間，他們是屬於諸天眷屬的一部份。「阿修羅」五道都有，畜生道也有「阿修羅」，「阿修羅」是遍於五道。「夜叉王」是屬於鬼道的，這都是他的心性所感召的。前面講的就是佛的十力，後面講的這些護法，你要是有德，他們就護持你；你要是沒德了，他們就不護持你。十王護法是看你的修證，你有功德了，自有護法，這是顯示我們的心性，我們自修所得的外護。比如說我們念經，或者念佛，有護法神，他並不是護持你這個人，他是護持你所行的佛法，這叫護法，大家要理解這個意思。

云何得與一切眾生爲依、爲救、爲歸、爲趣、爲炬、爲明、爲照、爲導、爲勝導、爲普導？

「救、歸、趣」，都是就自覺來說的，就是返迷歸悟。能給眾生做依怙，怙是一種給他做依，眾生無所歸，給他做歸趣，眾生有難能救護他，這是眾生所趣向的。因爲諸佛滿眾生願，諸佛即是眾生的依止處，也是救護眾生的法王，應該歸止於佛，趣向於佛。「炬、明、照」，智慧光明；「爲炬、爲明、爲照、爲導、爲勝導、爲普導」，這是給一切眾生做導師的意思，內具德行，外行仁慈。這就是普遍地滿一切衆生的願，普導就是普遍利益一切衆生，不分區域，不分地域，也不分種類。

云何於一切衆生中爲第一、爲大、爲勝、爲最勝、爲妙、爲極妙、爲上、爲無上、爲無等、爲無等等？

怎麼樣才能夠在一切衆生中成爲「第一」？在衆生中成爲第一，以我們的眼光來看，一位有神通的阿羅漢，到了漏盡通，就是「第一」。「爲大」呢？這就是比較而言，這都是在事相上說的，不是在理體上說的。「爲勝、爲最勝」，「爲勝」就是不同於小乘凡夫，「最勝」呢？就是利他，利他的事業。「爲妙」，妙就是能夠照見五蘊皆空，能夠不住色生心，不住聲香味觸法而生心，這就是最妙。「爲極妙」，就是除去了微細的煩惱惑，叫「極妙」。「爲上」，是比較而言的，一切衆生之中，往下來說，到此爲止，沒有再朝上的，這是指佛說的。「爲無等」，沒有再能與佛相等的。後面的「無等等」，就是佛佛道同。這裡簡要地把智首菩薩所問的，隨這個文意來說明一下，我們再講講文外的意思。

〈淨行品〉是在十信位，行爲怎麼樣能夠清淨呢？要先心清淨。心不清淨，行爲清淨不了。我們可以想想我們這一天當中，我們來聽經以前，你都做些什麼？你是不是能夠反聞，什麼是你自己的心性？什麼是你自己的體？因爲這個既然是十信位，就是你在入了佛門之後，已經了解佛法是怎麼回事，知道修行的方法，有了這個方法你得去做。你要是不做，方法還是方法，你還是你，你不做，你還是得不到的。智首菩薩，既然成爲智慧之首，下方玻璃世界來的智慧之首，他問的就不是一般的問題。我們這麼隨文解釋一下他所問的，就是學《華嚴經》菩提道的一個修行次序，你怎麼樣修，他一步一步問。從淺到深，一段一段的，一段含著十句話，但是他有總有別。總的說，就是你的身口意三業清淨，所做的行動，就是淨業，淨業就是淨行，就是三業的成就了，就是說你修這個清淨行，能夠使你的身口意三業成就了，得到佛的十力。以下這十段，一直到最後，以你一切的身口意，離了過患，功德成就了。

我們再總說這段經文。如果沒有記住文字，最好記住大意。第一句、第一段所說的，就是初學佛的人，第一階段怎麼樣具足我們是一個佛弟子的條件？告訴你怎麼具足，你是個佛弟子，佛弟子應當做什麼？應當離了你那些過錯，成就你的德，這個是德智。我們感覺道德的德字，從世間上講，做好事，有功德，或者幫忙他人。要是從自性來說，行道，由德與行，自己的心能夠得道，領會到，得成就了。所以在你初學佛的階段，你必須有一個承受佛法的器皿，你必須得夠資格，具足法器的條件，你應當怎麼樣具備？這就是你最初的時候信佛了，你應當做什麼呢？就在第一段的十句話裡頭。

第二段，就深入了！認識佛法，你要懂得菩薩最基本的道體是什麼？你要看第二段的十句。那麼第三段修行的條件，就是我們菩薩要想行菩薩道，這條道路很遠，你應當具備一些東西，走路的時候，要帶點東西，帶點資糧，帶點盤纏錢。這叫菩薩修行的資糧道。這三個法器的條件，就包括了菩薩的基本道體跟菩薩的修行資糧。

這三段就是說做菩薩的條件。發心利益眾生，怎麼樣利益？這是初階段的，但是一定得發心，發心發願，做利益眾生的事業。

第四段，你要想修行，得有個根本的條件，就像我們受的菩薩戒，那是根本的原則。你修行的時候，還有修行的原則，有個規範的。

第五段，智首菩薩問的是，按著佛教的教法是有次第的，菩薩修行是有次第的，一步一步走的。禪宗不是頓超直入，立證菩提嗎？這是對那一類機說，他也是經過無量劫修行來的。前面的行布，他走過了。我們讀《華嚴經》，看到善財童子從文殊菩薩那兒發心，才生起信心。我們以前學的時候，同學之間互相討論，說善財童子是即身成佛的，參一參，證一位；參一參，證一位。但是善財童子他一降生的時候，跟一般人都不同，沒有經過多劫的修行，他在降生的時候，家庭就盈滿，有這麼多財富，有諸天為護。他能親自見著文殊師利菩薩，我們一定要懂這種道理。

要想超越三界，沒有經過腳踏實地一步一步去做，不要說是以前的諸位祖師，從我出家的時候，我最初在鼓山湧泉寺禪堂裡頭，在禪堂走的來的，來的走的，五年之間，恐怕也有好幾千人，沒有聽說哪個人開悟，也沒聽說哪個人做了住持，也沒聽說哪個人到外頭建了個大廟，連這種都沒有。所以說，行菩薩道的時候，你必須得具備道體、資糧、條件。

有的道友參學廣欽老和尚，大家問了很多，他都不答，大家要走的時候，他臨時出來跟大家說，只說四個字：「老實念佛」。這句話印光法師也這樣說，弘一法師也這樣說，凡是修念佛的都告訴你：「老實念佛」。換句話說，念佛還不老實嗎？大家想想看，你們念佛老實沒老實？念佛當中一定老實，不是！他是說，你心不老實，想的很多。而且念了佛之後，他還不老實，所謂不老實，他的信不及，他還是不老實，他不肯眞心的念佛，所謂不老實念佛就是不眞心念佛，老實念佛很不簡單，什麼叫實啊？這個話可以講深講淺。

講深了，說你念佛不老實，你沒有稱體，你沒有念念從心起，念念歸自心。你想的是極樂世界，這該算老實吧？這不老實！說我念佛想極樂世界都不老實，怎麼樣才算老實，怎麼樣老實？念佛能知道無有能念的，沒有所念的，自他不二，心土不二，這樣的功夫才算老實念佛。

你要是根基深的，一聽到廣欽老和尚說：「要老實念佛啊！」他會聯想到，稱心性而起的念佛，佛即是心，心即是佛。要是淺一點，師父叫我老實念佛，橫著叫我不要亂打妄想，或者我打佛七，到佛七裡去，老老實實念。但個人的理解力不同，也是有次第。我們念佛有沒有次第啊？說我們初入了佛門，信了佛，參加各種拜懺的法會，或者參加觀音七，彌陀七，念阿彌陀佛，各種的活動，這都叫修行。這都是佛所教導的修行方法，但是這個方法之中，你要一步一步走，《華嚴經》就這麼教你，所以說《華嚴經》是圓滿大教。這話怎麼講？這個是一步一步走。圓滿是從行布來的，沒有行布沒有圓滿，圓滿是圓滿那個行布，行布是達到那個圓滿。

說你修行，因爲修行，才能逐步地達到圓滿，比如說我們生到極樂世界去了，你不是阿彌陀佛，這個大家都清楚。你生到極樂世界去，你是極樂世界的衆生。我們現在在娑婆世界是一個衆生，生到極樂世界，還是衆生。你也得修，斷見思惑，證了阿羅漢果，不過那裡的條件好，周圍的善友多，沒有墮落的條件，能夠去到那兒，帶業往生，你帶業到那兒去，業到那兒就消除了，是這樣子，但是你也得行菩薩道。你就是能夠生到極樂世界去，等到花開見佛，都要經過好多劫，得看你的功力如何了，所以說必須得修。不過他是另外的諸佛，攝受我們的一個善巧法門，到了善緣善因多了，惡緣、墮落的因沒有了，外緣沒有了，逆增上緣沒有了，你以前種子的因雖然是還有，它發生不了現行，逐漸地就除掉了，所以到了那地方，雖然時間很長，但是你能夠在那裡直至成佛。

修行要有原則，要有次第，還要有材料。像我們做菜，再好的廚子，得有原料給他做。所以要有教材，淨行的教材是什麼呢？十波羅蜜，圓滿波羅蜜，前面是具足法器、菩薩基本的道體、菩薩修行的資糧，這三個就是具備了菩薩的條件，信佛的初步階段必須具備的，像菩薩修行的原則，菩薩修行的次第，根據的是什麼呢？根據十波羅蜜，「施、戒、忍、進、禪、慧、方、願、力、智」，十波羅蜜圓滿了，就到了佛的境地了，這叫菩薩的行法。

前面說的種種，是菩薩的條件，大家別忘了，就是一段、一段、一段，十句一段、十句一段，我不過又重複了一下子，總說一下讓大家體會經文的意思。由條件具備了菩薩的因地，加上他的行，這六種都叫做菩薩的因地，因地行了，漸漸就成就了。到後面七至十的這四段，第七這一段，成就了自受用相，我們講的十種智力，這些登了初地的菩薩能夠分享，就是分證菩提。自受用相，到了究竟了佛，這十種智力是佛的自受用，以此來觀察利益眾生。第八段就是成就他的外相，外相是什麼呢？得到十王的擁護。我們說人王、梵王、天王一共有十個，十王擁護。第九段是成就他受用相，「歸、依、護、救」，做救眾生的護主，成就他受用，眾生能夠得到佛的加持了，得到救護了，做衆生的依護之主。

最後第十句這一段是總成就相，所以在衆生之中是最尊貴的，最尊勝的。因爲這一段，上面這個問，一共是一百一十句，前十句是總說，以下是別說。前十句是總名的三業成就，離過成德了，這是總說的。以下這十小段，共有一百種，是分著說的，那麼智首菩薩他所問的法是什麼法呢？就是怎麼樣從凡夫發心的時候，依照《華嚴經》的教授，修學菩提，修行華嚴菩提道的次第。因此就把〈淨行品〉判爲十信位，那麼這一品就是總解了，說你已經都明白了，明白了就叫解，明白了之後就要修。從解而入於行，從解門入於行門，列舉了一百個問題，這一百個問題就是修行次第。菩薩修行次第，才在信位。因爲照著文殊菩薩所教導的，所教授的，十信滿心了，滿心了再不退。信心不退，就登了初住了，初住了就位不退，再也不墮入三塗，再也不墮落六道了，再不受流轉了，初住和四果阿羅漢得到不退位是相等的。阿羅漢已經得到無漏智了，不落入三界了，到十住位，因此這個修行，在圓教的初住位就有這個力量，這就是法界的止妄還原觀。由著這個循環，妄就還原了，達到眞境。

我們已經把智首菩薩所問的問題，重複了一遍。大家可以根據這個做觀想、做思惟，如果有問題，我們再共同的學習。你問我，我再跟你們解答。因爲這段經文，我們沒有細細地發揮，要發揮的話，時間很長，有人發揮〈淨行品〉，寫了厚厚一本，五百多頁，這都不是我們初學華嚴的人所能領略的，需要慢慢來，慢慢的你會知道華嚴是什麼意思。這就是華嚴，這就是用它的因、它的果，用它自己的大方廣，成就佛果的果德，我們每人都有大方廣，都有體相用。我們的體相用跟佛的體相用，用上不同，相也有別，但體無二，一樣的。

譬如我們行的貪瞋癡都是神通，也有不可思議的妙用，但是這個妙用是往壞的。假使說你受到痛苦，卻沒有感覺到是痛苦，反而感覺到是快樂，你就成就了。像我們都知道的提婆達多，他造了許多的業，像出佛身血、五逆惡，教唆阿闍王殺他的父王，他做了很多，那他就下地獄了，下地獄之後，阿難就求佛加持提婆達多，使他不要受地獄苦。佛說你去問問他，他有苦沒苦？阿難就假佛的神力，到地獄去問提婆達多，他說：「我這兒勝過天，勝過諸天！勝過三十三天，比他們還快樂呢！」

這有兩種說法，我們衆生是顚倒的，明明是苦的，反而認爲是樂的，假使說，你受痛苦的時候，受到捆綁、吊打，你還認爲這個是很快樂，鞭打的時候，是在你身上按摩你，使你身上更好一點，如果你有這樣的感覺，那你就成就了，你不修也成就了。你下地獄，你在地獄裡不認爲這是苦，你認爲跟六欲天的天王境界一樣，那麼你把境都轉了，苦跟樂對你就沒有作用。沒有作用了你還沒有成就嗎？你就成就了！

能做得到這樣子嗎？或者聽人家罵你，你感覺很喜歡，能不能做得到？你要有本事。忍辱波羅蜜，你修成了，乃至於割你身體，像佛一樣的，你要達到無我相、無人相、無衆生相、無壽者相，誰要割你的肉，乃至支解你的身體，你很歡喜，能有這個力量嗎？沒有！淨行跟不淨行，就要有區別。如果能有這種境界，就沒有區別。

像文殊師利菩薩問維摩詰居士：「如何行菩薩道？」維摩詰居士答道：「婬怒癡！」在你行婬怒癡的時候，認爲我在行菩薩道。有沒有行婬怒癡的？像觀世音菩薩，我們看見觀世音菩薩是現慈祥相，大慈大悲。我在西藏看的觀音像，很多現的是憤怒相—馬頭金剛，你不聽我，我就消滅你，我就殺你，那也是慈悲，慈悲救度他。他用惡的方法止他惡的行爲，他就不做惡，你估計你自己的力量。有這種力量，你可以去做，沒有，千萬做不得，你要是做了，在受苦的時候，你不要叫喊就行了。我在監獄裡頭住著，我沒有感覺到跟外邊一樣，簡直跟外邊不同。一抬腿出來就不同。你想散散步，不可能的，如果是你感覺在那裡頭，像在廟裡住著一樣的，在那裡住著很好，閉關！誰也進不去，你再不怕誰干擾你，就看你怎麼認識。一切問題都從你的思想意識生起的，來定理的，是罪？是佛？是善？是惡？因此，淨行就是轉變我們的心，先淨心而後行，自然能正。因此文殊師利菩薩答他的時候，總的說來，四個字，「善用其心」，分別說來就多了。

善用其心的勝妙功德

爾時文殊師利菩薩告智首菩薩言：善哉！佛子！汝今為欲多所饒益，多所安隱，哀愍世間，利樂天人，問如是義。佛子！若諸菩薩善用其心，則獲一切勝妙功德。於諸佛法心無所礙，住去來今諸佛之道，隨眾生住恆不捨離，如諸法相悉能通達，斷一切惡，具足眾善。當如普賢色像第一，一切行願皆得具足，於一切法無不自在，而為眾生第二導師。

文殊菩薩稱讚智首菩薩，說你這些問題是為了饒益很多眾生，為了「多所饒益，多所安隱，哀愍世間利樂人天，問如是義。」我知道你問的道理，是因爲你想讓很多的衆生，都能夠得大的歡喜，得大饒益，得大利益。「多所安隱」，安，是指著心說的，心安身隱，合起來說就是安隱，不動盪的意思。「哀愍世間」，利益衆生，使六道的衆生得利益，利益天人。

「佛子！若諸菩薩，善用其心，則獲一切勝妙功德。」四個字，「善用其心」，就是我們的事相，怎麼樣運用我們的事相？我們一天想些什麼？剛開始的時候我問大家今天你想什麼？這一天當中你想了些什麼？你是不是「善用其心」？或者今天晚上七點半我要去聽經，我一定把別的事情處理了，這也是「善用其心」！其他的雜事你都止住了，那個雜事不管他如何，止住了就是止惡，你到這兒來聽經，你就是行善，這就是《華嚴經》。多生累劫難得遇到的，遇到了，這種子種下去了，一定能成就圓滿報身佛，種子種下了，必定能成就了。這是行菩薩道的人，發大心的人。

「菩提薩埵」就是利益衆生，饒益有情。那麼要饒益一切衆生，利益衆生，你就好好用心。好好的用心就是怎麼樣能使衆生得利，你有什麼方法？具有什麼德行，你能利益他人？假使你「善用其心」，你能得到一切勝妙功德，這個時候，你緣念佛法，心無所礙。學法學不通，修行修不起來，障礙很多，那就是沒有「善用其心」，如果能夠「善用其心」的話，你與佛法就沒有障礙。

「住去來今諸佛之道」，住去來今是指著三世說的。去，是過去；來，是未來；住，是現世；三個字是分三世。一切諸佛之道，不論過去佛、現在住的住世佛、未來諸佛，他們所說的成佛之道，乃至菩提道，能「隨衆生住，恆不捨離。」諸佛的教導，總的是以衆生爲根本，一切諸佛要是沒有衆生，成不了佛。你「善用其心」，「隨衆生住，恆不捨離。」這「恆不捨離」可以做兩個講，不捨離你這個善心，隨時善用其心，不要離開這個念；「恆不捨離」一切衆生，不捨離衆生，是要讓衆生得到利益，你怎麼樣讓他得到利益？你要「善用其心」。

佛於教法，有理有事。在理上，你一定要能通達；在事上，你應當分析。分析體相用，分析諸法的實相，怎麼樣能從諸法導歸實相？你必須得通達，不通達，你就不能使衆生斷惡行善，如果通達了，讓衆生斷一切惡，一點小惡都不應有，要具一切善，衆善者就包括一切。善事太多了，先說衆生心，再說菩薩心。衆生是等他受到了，那個禍快來了，他還蠻不在乎的，因爲到時候會有變化，不會落到他頭上，這是一種。

另外一種，這個一點兒的小過錯算什麼呢？沒有關係！或者是我們拿著經書，我看到很多道友，拿著經書，甩甩搭搭，超過下身，這樣子好像沒有多大關係吧！從這一念現，你的心就沒有具足，沒有「善用其心」。

過去大家不知道，你對三寶一分的誠敬，一分的恭敬，你會得到一分的利益。捧經書的時候一定要當胸，不能超過下身，如果你擱在包包裡頭，也不能超過下身，一定要恭敬。見了佛像要恭敬，不能隨隨便便，你不要把它當成只是像而已，你要是把它當成是佛在這兒坐著，是眞的佛在這兒坐著，你在這兒過，你如何呀？我想你會馬上會磕頭，或者要請開示，或者如果你見到佛，或者在夢中，或者佛放個光也好，或者家中的香爐上，那個香出點異樣的香煙，你就會感覺滿足？這是由誠敬而來的。你心裡「善用其心」，這僅僅是一種。

我說這個，可能大家會認爲印刷品很多，有什麼關係呢？經書就是佛的法身，一切諸佛都由這裡出生的。一個利益衆生，一個學佛法，上求佛法，下利衆生，兩個和合才能成立佛。得重視法寶。

過去譯經的三藏義淨法師，做過這麼一首詩，說明尊重佛法的重要。「晉宋齊梁唐代間」，這是就時間上說的，「晉宋」不是後來的宋朝，而是十六國的宋朝，「晉宋齊梁唐代間，高僧求法離長安」，那個時候的大和尚們到印度去求法，離開長安城，以長安爲出發點。「去人成百歸無十」，說希望十個人當中有一個回來，沒有！「後者安知前者難」，爲什麼這麼難呢？那個時候要經過沙漠地帶路都很長遠。「路遠碧天惟冷結」，碧天，天空有時是藍色的，有時變成是混濁的，寒的時候零下幾十度，熱的時候，就是一百多度。「路遠碧天惟冷結，沙河遮日力疲殫」，後來的人怎麼知道，那些大德取經的時候，所受的痛苦是言語沒有辦法形容的，後人知道這些難處嗎？「後賢如未諳斯旨」，後來賢而有德的人，能夠學佛法的、聞佛法的人都是賢人，雖然還不是聖人，也是賢人。你如果沒有明白這個道理的話，「往往將經容易看」，把這部經隨隨便便地，不太去重視，所以你看經，看一遍，看兩遍，看三遍，你也得不到好大利益，你不重視就得不到，很簡單。

現在印刷術很發達，印就是了，如果那一個大德沒有翻來就沒有底本，你拿什麼去印？現在早斷絕了！大藏經是印的很多，那部經沒人講，沒人弘揚，沒人宣揚，就斷了！現在講整部《華嚴經》，很少，乃至於沒有了！這部經漸漸就斷了！沒人弘揚漸漸就斷了！所以我們經常說，不要緊，到最後，別的經都滅亡了，還有《阿彌陀經》在世一百年。不錯！這個道理說得很有理，爲什麼？現在大家都提倡淨土，只提倡《阿彌陀經》，當然在。淨土宗的經典以《阿彌陀經》最爲普遍，那麼其它的經，不提倡，不講，不宣揚，大家不受持，其它的經漸漸就斷了。斷了！就沒有了，他就沒有機會開悟了。

那時候佛在世所說的法，有很多好的方法，有時候我們看藏經，好比那個行陀頭行的《陀頭經》，我看了很感動。但是現在要去弘揚，不可能。誰還來做這種事啊？陀頭行好苦。況且你也行不通，不准離開手持的錫杖，地藏王菩薩手持的那個錫杖。假使說我們一天拿個錫杖，一位出家人，上汽車你也進不去，走路也困難。上飛機或者檢查，人家還不曉得裡頭有什麼東西呢？大光法師，他以前向我講，他到大陸，第一次去到上海，他就穿上黃袍，黃衣一披，紅衣一披，拿著那個錫杖，在上海的大馬路上走，走來走去，看他的人，比看電影的人還多，把路上交通阻斷了，警察就把他請走了，說：「你回去吧！」

我所以舉這個例子，是說明我們弘揚佛法時，必須心無所礙，「善用其心」。

「善用其心」包括很廣，說法要知時，這個時候合適不合適？要知機，這個機就是聞法者是不是這個機？因爲我們不是佛，也不是大菩薩，不知機。大家呢？都聽，喔！這位老和尚講什麼，嗯！跟我有緣，我去聽聽；那位和尚跟我沒緣，我不去聽；那就是在三寶、僧寶裡頭起分別。好與壞，不定的，就是一個緣字。「諸法因緣生，諸法因緣滅。」有了緣，我講的不好，你們聽著說很好，這不是講的話好，而是有緣。道不孤起，遇緣了就應，怎麼有這個緣呢？過去的因緣，或者是今生的因緣。因爲我走到人多的地方，或者坐船、坐火車、坐飛機，我都發願。我說：「如果你沒有信佛法，我一定度你，讓你信佛法，念念咒，念念經。」凡是遇到人多的，超級市場那個地方，如果你想來生當大法師，來生當大師父，來生想成佛！要想度衆生，遇到人多的情境，你要發願你度他，我跟你說佛法啊！阿彌陀佛！一句也夠了！他聽嗎？他沒聽，也不知道，這是你的願力！這就算結了緣，也許就這樣來聽你的法，這都叫「善用其心」。總而言之，你行住坐臥，「善用其心」全是普賢行。

所謂「放下屠刀，立地成佛。」放下屠刀，他怎麼能夠放下？那一念很不容易，等他放下，從現在起，將來一定能成佛。得這樣子解釋。如果人家問你，放下屠刀，就能成佛？我一信佛，我也可成佛，我也從來沒有提過屠刀，我比他更好了，不是這個涵義。而是說他將來一定能成佛，他屠刀放下，還要漸漸修行，是這樣一個涵義。是什麼力量能使他放下？一念能注重，好比我們從文字、從語言，不找到一個根本，是不行的。

大家以爲很容易，我問問大家，你晚上睡眠，你能明白是怎麼進入昏沈的？就是那一念，這一念還明明白白，那一念可就什麼都不知道啦！你怎麼進入的？這是從明白進入糊塗，早晨你醒來，你又怎麼從糊塗一下子又醒來了，你能找到這一念嗎？你要是找到了，你就知道放下屠刀那一念的力量不容易！

就像我們出家，你們對於出家師父的看法，無論你是什麼看法，你們可以想一想，那一念間，當剃頭髮的時候，說是頓入空門，就像我，以前我不理解，當初一剃髮，那個時候，我理解到了，就兩次為人了，不是那個人。我心中說這下完了！那個我已經死了，那個時候頓入空門，好像一進了佛教，一進了這個門了，因為以前我沒有明白佛法，我也不知道佛法，也沒有看見廟，也沒有看見過和尚，突然作一個夢，說什麼要去出家，離家了碰見和尚，完了，他不收我，第二回收了我，給我剃頭，那個時候，心裡有沒有悔呢？有沒有心呢？那時候，也沒有悔恨心，感覺這下子問題解決了，好像這就是兩次為人，已經不是我了。

每一位出家師父，要是十八歲以上出家，當他落髮的時候，那個心情很不容易，但是這也有特別的！我們北京佛學院最初收的第一批學生，開辦中國佛學院收第一批學生，就從寺廟招生！沒有年輕的出家眾，只限制十八歲到廿五歲，得高中畢業，大學的更好。到哪兒去招呢？後來政府說在社會招，在社會招的都是一些沒考上大學的，考的時候，要求很低，但是有一樣條件，必須落髮。「啊！幹什麼？我是來讀大學的。」「不是，這是和尚的佛教學院，你要讀大學，你到社會大學去讀吧！」考慮來，考慮去，不然進不到大學，進了佛學院出來了，也可以跟別個大學平等的待遇。

那個時候大學畢業了，也可以拿得到伍拾多塊錢工資。他考慮來考慮去，還是出家了，出家了還是住在佛學院。兩年當中，就走了一半了。到了第三年，五十個人就剩十八個。到最後畢了業的時候，剩下五個人。

所以說，剃頭的那一念，很難哪！所以大家對出家師父，不論他出一天家也好，出三天也好，出幾年也好，對他們還要當僧寶看待。他穿著那件衣服，是和尚相，你就把他當成僧寶，這是你的「善用其心」，跟他毫無關係。你要是對這已經出家的僧寶，不把他當僧寶看，你當他一般人看，甚至你把他當下賤人看，也沒有關係，這是你的用心，跟他毫無影響。你尊敬他，他就高貴了嗎？沒有！這是你的「善用其心」。

「善用其心」涉及的面非常之廣，每逢一件事情，你用你的阿彌陀佛，或者用觀世音菩薩大慈大悲心，用阿彌陀佛發四十八願，建立那麼一個世界，你能不能效法阿彌陀佛，你也建立一個世界，他在西方建，你在中方建，東西南北都有，你在當中建一個淨土。或者你發願，就轉這娑婆世界成淨土，不要東跑西跑，就在這個世界好，你也得發願啊！阿彌陀佛發願能成了一個西方極樂世界，藥師佛發願在東方成立琉璃世界，釋迦牟尼佛在這個世界，華藏世界本來很好，可是我們自己的罪業，看見不好，原因就是我們沒有「善用其心」。重點在「善用其心」，大家不要把「善用其心」忘了，以下都是由「善用其心」發展來的，你能夠通達諸法了，就是積一切善，能夠斷一切惡。

我剛才講的善小、惡小，不但我們佛教這樣說，如果大家看過〈三國演義〉，看過〈三國志〉，劉備要死的時候，告訴他兒子劉禪說：「勿以惡小而爲之！」不要因爲這個是小惡，沒有關係你去做，積小就成大啦。「勿以善小而不爲！」不要因爲這是小善，做不做沒有關係，好像利益不大。這不是善跟不善的大小，是你的心，如果你把小善看成是成佛的種子，你就去做了，那就是成佛的種子，是個大善。如果遇到《華嚴經》、《法華經》，乃至於《金剛般若波羅蜜經》，你能夠至誠懇切、恭敬此善是無數量的，這個世界上，還沒有東西能量出來你這個善有好大，就是你這個「善用其心」。

「當如普賢菩薩色相第一」，就具足了普賢菩薩的色相。《華嚴經》推崇普賢菩薩，從相、從語言、從修行都是入普賢行，入普賢色相。普賢色相跟佛相是一樣的，無二無別的。一切行願皆得具足，那時候你所行的，所發的願，願是導行的，你要做什麼事必須要有個願力，有個願力使你這個行不退墮。堅持你的願，因為你已經發了願。但是在我們中國，用錯這個願了，在中國是，你如果不信我，我就騙你，如果還不相信！怎麼樣呢？我賭個惡咒，發個願，以為這個沒事，說了話，就沒有關係。他不曉得後果，不知哪一生可以找到他。他發願把人騙了，還立個誓，發願立誓就會相應的，這種情形很多。

「於一切法無不自在」，怎麼能於一切法而無不自在呢？這是屬於空。你觀一切諸法皆空，一切諸法的相障礙不了你，你能觀到空，觀牆，牆空了，觀什麼，什麼就空了，觀火災的時候，觀一切災難。所以觀世音菩薩能這麼救，觀世音菩薩把這空了，他把你帶到空中去了，那你就空了。帶到空裡頭去了，你就自在了。我們有六個字：「看破、放下、自在。」你看破了！放下了！你就自在了！你不煩惱了。黑夜裡你睡不著覺，你觀想了，唉！看破了，管他去呢！一切皆空的，現在沒空，等一百年之後都空了，一百年我早不存在了，你認為一百年很長嗎？一百年的時間很短，看是誰來看的，那麼你就得自在。因為你能觀它，你就自在。

這樣就做「眾生第二導師」，第一導師是釋迦牟尼佛。你能夠這樣做，你能這樣弘揚，你也就成了導師。對釋迦牟尼佛而言，你是第二導師，你就僅次於佛，就跟諸大菩薩平等了，文殊師利菩薩這樣讚嘆的，因為你一發心，你一定能成佛。如果你依著〈淨行品〉去做，一切都清淨，你當然能得到一切的殊勝功德。

佛子！云何用心能獲一切勝妙功德？佛子！

菩薩在家，當願眾生，知家性空，免其逼迫。

家是貪愛的根源

這就是具體的「善用其心」，怎麼「善用其心」呢？從你在家信佛開始。你知道這個家庭是因緣和合的，是緣起法。因緣合了，遇到了，有個家庭！父母、夫婦、子女。大家現在在外國也好，在台灣、大陸也好，應該很容易看破這點。在家裡，爭爭吵吵，眞是冤家。吵吵鬧鬧，孩子從小就不聽話，你沒有辦法，管也管不了。同時在國外，在美國，父母親因爲管孩子，孩子告他，叫人給關起來了，說他虐待。這孩子才十三歲。像這樣，你還看不破、放不下嗎？類似這種事很多。乃至於自己的子女殺死自己的父母，感覺這個時代好像出的很多。

家庭是牢，你看「家」字，古人形容是豬在圈裡關著，當然這個比喻雖是過份了一點，但取象形字。有的人到了家裡很喜歡，有的人一回到家裡頭，他不願意待在家裡，孩子喜歡往外跑，要去玩。你認爲到了家裡頭很苦惱，如果你太太很賢慧，你回到家裡頭很舒服，你可以二楞腿一翹，沙發上一靠，拿張報紙，泡碗茶。如果太太不是這樣對待你，又摔碗子又摔盆，你在外頭累了一天，回到家裡處處引起你的煩惱，心裡很不安，因爲你沒有佛法的熏染。但到了晚年又如何？有時候看到兩個夫婦老的，都動彈不得了，住在老人公寓，現在是有好多人子女不管，住在老人公寓，還更好。但是這是在美國，移民到這兒來，享受人家的幸福。其他地方恐怕沒有吧！

老了不能作，不能作你就不得食，那要怎麼辦呢？你只好修觀，「知家性空」。這個相說理、說體，我們先講理，講體，大家還不容易明白。這理上，不存在的，現在想看一看三代、四代同堂，所謂五代同堂，那是過去的情形。這個夢你作不成，永遠沒有五代同堂，三代同堂的還有。但是三代同堂、五代同堂的涵義，古來時候，必須是原配的兩夫婦，第一代原配兩夫婦，第二代原配兩夫婦，到第五代的原配兩夫婦，五代同住一起，歡歡喜喜，那叫五代同堂，現在找不到了。三代人都結了婚，在一塊兒住的，好！那吵翻天了，不會不可能，連自己的女兒跟女婿在家裡住一住，都住不起來。

你應當生厭離心，在家觀察厭離心。所以怎麼樣「善用其心」呢？就是家庭很美滿很好，這也是暫時的！在我們中國的格言上，叫我們醒悟，不要貪戀，也有這種意思啦。像有一首詩，「花開花謝」，看著那朵花一會兒開了，一會兒又落。「時去時來」，一會兒走了運氣了，一會兒又倒了楣。人說三窮三富過到老！在大陸三十年河東，四十年河西，那住在黃河兩岸的人，年年都是黃河改道，經常遭水淹。這首詩大家念念，也有好處的，你可以拿這個觀性空。「福方慰眼，禍已成胎。」看人家享受很愉快，福報很好，子孫賢孝，家裡豪富，無憂無愁，這不是很好嗎？「禍已成胎」，禍就在這兒種下了，這是一首：「花開花謝，時去時來；福方慰眼，禍已成胎。」

再做一首四句：「得何足慕，失何足哀」，說你得到了，運氣來了，你作生意發大財了，不論幹什麼，反正是一求就得，你不要高興太早了。在大陸上經常愛說這一句話：高興太早了呢！爲什麼？它就後頭給你個禍，讓你嘗一嘗，說你高興太早了，你想的是很美滿，不可能達到，就說禍已成胎，說你得的時候不要太高興，丟掉了，或者是你最親愛的，死掉了，出了車禍，或者你的財富，一下子得了意外的損失，遭了水沖了，火燒了。反正是國家沒收了，抓你個罪名，你也沒有辦法。還有不孝的子孫，你有什麼辦法呢？得也不要高興，失了也不要愁，「得失在彼，敬憑天裁。」我們把這句話改一改，得失是有自然的因果，我們要扭轉它，怎麼扭轉呢？定業不可轉，三昧加持力。用佛法的，用你修行的功夫，三昧加被的力量，加持這個力量，就能轉，你把它捨掉了；失了更好，歡歡喜喜的。

這裡的修行方法，詳細講一些，就是說做觀想，要怎麼觀？怎麼樣「善用其心」？我們先講「善用其心」，之後再講偈子。

這個「善用其心」，有時候要從理方面講，有的是從事方面講。要從理方面講，我們就觀察一切諸法，一切諸法就是一切世間相，凡我們所見到的，有形有相的，文字所記載的，所聽到的，眼睛所看到的，思想能思惟到的，這一切都是無常的。爲什麼呢？因爲它是生滅法故。有生一定有滅，有時候要眞說，因爲要眞說，也是對著妄的，沒妄，眞也不立了，或者要妄說，就是我們的妄想紛飛，不能見眞性了，不管是要眞要妄，要空要有，皆屬於生滅法。我們所說的這個空，不是般若的眞實空，這些都屬於生滅法。那麼，生滅法是怎麼來的呢？是緣起的。因緣和合而生起，因緣分離了就消失了。在這一切諸法沒有自性之中，要善持，「善用其心」，就是在這個體相用上。

剛一開始講的大方廣體相用，這個體，這個相，這個用，可不是落於空的，不落於空就是有了？有也不對，這個體相用是不落於空、有兩邊的，這樣的用心，就是「善用其心」。執空，不可以，執空，我們就有斷滅之見、斷見；執有，就是常見，我們現在都在執有之中，因爲一切諸法，它不隨我們的妄念，隨我們的意志，而去改變一切諸法的自然規律。而諸佛菩薩他度化衆生的時候，它是隨緣。沒有那個因緣勉強不來的，機緣還沒有成熟，大悲心還不能拔苦得樂，還是沒有那個力量，辦不到的，它是隨緣度化的，這個緣是有多種。

隨緣的時候，就是說你在一切事的過程當中，隨緣就是歷事。你化度人，乃至於物，乃至於所經過的過程，一切的方法，這都是事。在這一切隨緣度衆生的時候，你能夠不動你的本體，本體就是你的心，不動你的清淨心。有些人隨著染污去，也隨波逐流去度衆生，結果是衆生把你度了，你還度不了衆生。所以爲什麼我們要有智慧的大悲？如果我們生起大悲心，想度衆生，結果你還是落到貪瞋癡裡面去。度衆生呢？不著衆生相，不隨塵緣，那麼你經歷的事情，不論廣，不論少，你本身的心體如如不動，你能觀照的心。

這就是說，我們這個心能夠轉變客觀的現實環境，不能讓環境把我們的心轉了！是不是？你的緣被所緣轉了。能緣之心，自己知道衆生是幻化，做幻化的佛事，度幻化的衆生，就是不執著，眞正「善用其心」。

要是從事相來說，佛法沒有什麼二法，佛法說八萬四千法門，爲什麼還說不二呢？這是隨機。應機來說，衆生有種種的不同，有的說因有，他能夠明白，他能夠修行，因有的有門就太多了。像我們唸阿彌陀佛、禮懺、拜佛，他從這些修行的道路上走，達到清淨的境界。在佛法的本身是融通的，是自在的，是無障礙的，它是適應衆生的需要。有什麼需要，就隨緣，滿足他的要求，滿足他的願望，所以說佛法它本身是自在的，無缺無陷的。有時候我們學佛法，說佛法很呆板，諸如戒律，在生活上所帶來的種種限制，這是誤解了，其實佛法的本身是自在的，自在的就是很活潑、很生動的，是我們執著了，事實上，它能夠活躍在每一個衆生的心中，隨你的觀念。所以，我們每一個學佛的人要「善用其心」，活用你的心，把佛法運用在你的日常生活當中。

昨天大家來的時候，我一開始就指出，今天大家在想什麼？這個涵義就是希望大家學佛要學會活用，不要把佛法學的很呆板，學佛法是求解脫的，心裡學得歡歡喜喜的，不要學得愁眉苦臉的。有人念《地藏經》，一天到晚就愁著下地獄，有人講因果報應，就想：「我要受報」。一天當中你的念頭總是往不善的方面想，你的心裡就不活潑，就被這個法、言語、文字給束縛住了。你不能在日常生活中，建立正確一點的人生觀，你怎麼建立一個正確的人生觀呢？因為你依照了佛法，你有正確的觀念，不要把自己學得很拘束，這是不會學佛法的。

文殊師利菩薩在答智首菩薩的時候，他舉了一百四十一願，在事情上來看很多，從理上來講就是一個—「善用其心」。「善用其心」就是諸行無常，是生滅法，生滅滅已，寂滅為樂，就這麼一法，其他的都沒有了。但是在事上可就不是這樣，這是總說。攝事歸理的時候，是這樣子，《華嚴經》就講攝，有時候是攝事歸理，有時候是開理顯事。開理顯事的時候，那又是塵沙無盡的，過去的、現在的、未來的，說起來就是我們的一念心，現前的一念心，你能「善用其心」，事理結合起來，體會到法界的體性，即俗而恆眞。像我們在日常生活當中，都是即事而成理，看你怎麼用心而已。

當你教化衆生的時候，你也得「善用其心」，教化衆生。「善用其心」是什麼呢？就是我們修行的一個動力。比如說我們這裡充滿光明，我們做飯都得靠電力，「善用其心」就是電力。如果沒有電源，我們就什麼都做不成，吃飯也吃不成。如果你正在沐浴的時候，電源沒有了，水放不出來，那就麻煩了，你做飯做到一半，電壞了，你也沒有辦法。

所以把佛法當成一種動力，用佛法來指導我們「善用其心」，在你日常晝夜廿四小時當中，你經常這樣的思惟，它不妨礙你做一切的事情，你的思想當中有個主觀的觀照，在行住坐臥、衣食住行，乃至於你課誦的時候，禮拜、念佛，一切的事法，你都可以拿來觀想。觀要先發願，發什麼願呢？發最究竟的願是成佛！發成佛的願，心的觀想是佛，要做佛事，一切菩薩都是這樣，要做佛事，就得度衆生。四弘誓願是最究竟的，「衆生無邊誓願度，煩惱無盡誓願斷，法門無量誓願學，佛道無上誓願成。」這個願發了，你要隨著這個願做觀想，這叫做正念。

如果廿四小時這樣想，你白天這樣想，想成熟了，你在睡覺做夢，還是這個意念，那就有幾分成功了。我們只要求不做惡夢就好了，善夢也不要，雖然是睡覺，但心裡還是明明了了的，不糊塗，人能用功到這個樣子，就可以了。但是得時時刻刻的想到衆生，不是我自己，也不是周圍的幾個眷屬，心量大一點，一切衆生，過去生中都是我的父母，經過無量劫了，都在這個世界上，不失這個念，就叫做「善用其心」。

「菩薩在家，當願衆生，知家性空，免其逼迫。」這一個偈頌，一百四十一願的總體，行菩薩行的總題目，以這個爲首，底下的一百四十願，一切修行法門都是觀行。觀行都是從居家所觀行出來的。總的說，你所行的一切的觀行、思惟，行就是作用，你的作爲，你的身體要做什麼，這就是修行。

依什麼呢？依你的正念「善用其心」。

譬如說，出家就是在家發心的，並不是誰生下來就是個和尙，沒有的！不過有的人是小時候出家，有的中年出家，有的晚年出家，出家的時間不同，但都是從家裡頭出家的。因爲有家，家裡頭對你撫養了，成就了，你再發起這個出家的心，你沒有這個家，你就沒有這個出家的心。

一切萬法都因無明而起的，一切法界所有的，皆因爲在家因緣生起的。倘若你能夠知道這一切萬法，如幻、無常、如夢、如水上的泡，就像我們身體走路的時候，太陽照身體的影子。懂得這個道理，那麼這個家就成了無明家。這個家一直到成佛，才能破得到最後一分，去無明得成佛果了。一切大菩薩，都在這個無明家裡頭，儘管很少很少，還是在，還是沒有破除，如果觀空了，這就是我們說的「知家性空」。若知道家是空的，這個家的苦，逼迫不到了，你絕不會受到家累。不但不累，還因爲家成就你的道業。不爲家所累，就是你不被無明牽引，而且能轉變無明，把無明轉變了，你不會起惑了，不起惑就不造業了，這樣就能「免其逼迫」。

「免其逼迫」，就是究竟達到，我們把一切煩惱、無明都斷了，就證到究竟菩提。如果再進一步解釋，多分析一點，對我們共同的學習很有必要。家是一切世間法的根本。任何人只要在這個人間，你超脫不了，這是你的根本，也是一切貪愛束縛的地方。但是也因為你在家裡成長、熏修，你觀諸法無常，你能夠在家得到超度，就是「菩薩在家」，這裡第一句就是「菩薩在家」，在家裡行道。你懂得了家是一切法的根本，那麼你整個的家庭，就是世間一切法的最基本的單位，你後來離開了，出家了，以前那個家庭還是你最基本的單位。不論你父母怎麼樣教育你，或者你接受也好，不接受也好，你生到這個家裡來，你跟它是有一定因緣的，我們講因緣目的，有一定因緣的，所以說它是基本的。我們這個人身，就是你做輪迴的基點，你有這個人身，有個我，就是輪迴的基點，連我都沒有了，還輪迴什麼呢？誰輪迴？應當這樣子去觀，這個家庭就是你的基點。

譬如說我們在家出家，你必須先在家而後出家，沒有說生下來出家，寺廟裡不生小孩的，這個大家都知道，必須從在家到這裡，爲什麼？因爲任何人都是父母所生，釋迦牟尼佛也如是而示現人間，都因爲家而起的，所以你們要好好的把這個家理好。要理好一個家很不容易，你是家庭的一個成員，不管你是小的老的，把你這個小的基本單位理的很好。儒教講「齊家、治國、平天下」，如果家好了，就天下太平。這個道理是根本，不管儒家、釋家、道家，都是這樣教育我們的。

我們經常說念佛、打佛七的時候，妄想這麼多，這麼散亂，你曉得妄想是怎麼來的嗎？你要找找原因，是因爲你的身見，你對你這個身體看得特重，身見最重。如果你能夠觀一切法無常，知道這個身體是無常的，再下點功夫，觀身不淨，你能把身見破除了，好多的事情，煩惱就解除了。你看出家人桌上經常擺一付骷髏，讓你看這就是人的結果。還不錯，有骷髏的架子，火化完了，連骷髏也沒有了，骨灰連骷髏的形式也形容不出來。不是這樣嗎？你經常這樣想，妄念、妄心就這樣息滅了。

這是在家的菩薩，藉著在家裡觀想就破無明。你能認識家就是一個貪愛的處所，這個大家都明瞭，學佛的人都知道。很和睦的也是貪愛，和睦的感情更好一些，貪愛更重一些，所以說，這個家就是一切的情執、貪愛集聚的一個處所。

而我們一個人，有我執我見，就把我們束縛了，這一生就被我執我見束縛了，超脫不出這個範圍。因爲我執我見的關係，以我爲主、以我爲出發點，你想一些問題，思惟一些什麼，都以我爲出發點。學了佛，我要怎麼樣怎麼樣，我發願，還是以我爲起。能把這個小我破除了，換一個大我，對於在這個社會上，人情世故，互相往返都是以家庭爲大本營，你的家，我的家，他的家，各各的家庭。但是這個家有一個好處，能使你生起出離心。因爲有家的緣故，你生了出離心，你感覺這個家好像不大好，總感覺家裡不大舒服，你生起出離心，你想找求一個解脫的方法，因此你才信佛了。

入了佛門，你應該知道這個家，是你超出塵世、超出輪迴，最主要的轉變機構。我們大家想世間法，哪個不是因爲家做了種種的業，這個業有善業有惡業，作業就是作用，因爲有家了要起一定的作用，一切的貪愛也因爲家集聚起來了。所以這個家，是就世間法說的。一切纏法就是依據這個家來維繫，家是沒有離開這個纏法，或者求出離，或者求出世法。

現在我們看很多的道友家裡都有佛堂，供上一尊觀音像，外有觀世音菩薩的加持，內有你內心的正念，兩者相結合，你就不爲世間的纏縛所纏，你就能夠漸漸的得到清淨。這個地方我是引《優婆塞戒經》所說的，優婆塞是近事男，講五戒。《優婆塞戒經》裡頭這樣說，在家的人，惡因緣很多，所以說家是一切貪欲的處所。知道這些是因緣和合的，因緣和合的沒有自性，都得要消失的，自然要空，懂得這種道理了，我們還有什麼放不下的，那就可以不被家庭纏法所逼迫了，這是第一句話。

菩薩在家的時候，願一切衆生都知道家是空的，是性空的，體是不存在的，相上是有的，捨相歸性，那就沒有纏縛所能纏住了。所以說「菩薩在家」，要能夠隨順世法而不違，不違世間相，不違世間法，孝悌忠賢、禮義廉恥，或者你在那一個國家就隨著那一國的法律，人家怎麼做，你就怎麼做，你要隨順，不能違法。知道貪愛是有過患的，能知道貪愛而不染。這個家本來是世間法的，而你可以轉變它，一切成了出世間法的根源，轉世間法成爲出世間法的根源。

所以我們在家的菩薩—優婆塞，要能知道家的原理，就能契入出世的根本，這就是出世的根本。沒有這個家，你還出不了世，你不會降生。沒有這個家你那兒來呀？這就是所謂的佛法在人間。所以，佛法在人間不離人間覺，要覺悟，只要你不貪戀、不沾染，知道它是空的，但是你不能違背了人間的世間相；你既要做人事，又要想成就佛道，簡單講，就是這樣子。所以在這部經上說，稱讚在家的功德，是什麼功德呢？「知家性空」，成就那個性空的功德，這是出世的根本。這一願「菩薩在家，當願眾生，知家性空，免其逼迫。」把這一個意思貫穿以下的一百四十願，都可以用這個意思去做思惟，去主導。

孝事父母，當願眾生，善事於佛，護養一切。

「孝」，什麼樣算是孝呢？應當聽話、隨順父母。知道父母那個是不對的，不能當面抵觸，還是隨順他，委婉的，你要用善巧的方式來轉移他，不能當面的抵觸，那叫做不順，最大的不順就是頂撞父母。所以說孝就是隨順，「事」就是侍奉，願一切眾生「善事於佛」。佛教導我們，把父母看作是佛，這類故事很多，因為佛就是這麼做的，他父親病了，就回家看他父親，乃至於他要涅槃了，他還到忉利天去給他媽媽說法。《地藏經》就是釋迦牟尼佛到忉利天，去給他媽媽說法的一部經。

有的人說《地藏經》是出家人的事，在家人不能念，盡是鬼，這種觀點錯了，他根本不理解《地藏經》是什麼經，一般的鬼能去忉利天？阿羅漢都沒有去，那些鬼王都是菩薩，有些鬼王是授記的。第八品最後的主命鬼王，佛就給他授記了，過一百七十劫當得成佛，佛刹名淨住，世界名安樂，你把他當成鬼，其實那是大菩薩。

為什麼說《地藏經》是一部孝經？這部經的內容就是在說婆羅門女、光目女的故事，地藏菩薩在因地就是孝順父母，在你孝順父母的時候，你應當發願，「善事於佛」，父母即是佛，把父母做成佛想。

過去有一個人他很不孝順他媽媽，但是他很信佛，他親近一位大德，禮拜大德請法，那位大德說你不是要請法嗎？你今天回到家裡，家裡有一位棉襖反披出來的人，那就是佛。他趕回家，天都黑了，差不多快半夜了，他一叫門哪！平常他很忤逆，罵他媽媽，有時打他媽媽，他媽媽一聽到兒子的聲音，嚇得趕緊給他開門，慌得不得了，棉襖也沒有穿，反披了，當他一開門一看見，是他的媽媽，他就知道，他也開了悟了，從此求懺悔，非常孝順他媽媽。

而父母就是佛的涵義，所以孝順父母就是「善事於佛」。對佛也是不能夠生謗毀，只能隨順。佛跟父母還是不同的，父母有時候錯了，佛絕對不做錯事，身口意十業完全清淨，因此把父母當成佛的功德很大。爲什麼說順呢？孝養算不算？孝養只能養他的身體，不能養他的志，如果你能轉變你的父母信佛了，那種功德最大，你盡到最大的孝。要想報父母恩，就是能讓父母信了佛，只要能讓他信了佛，那就是究竟的盡孝了。

我們再講一講孝的故事，像曾元養曾子、曾子養曾晳的故事。曾子養曾晳的時候，每一頓必有酒肉，不是吃素的，他們都不信佛，他父親吃完了的時候，曾子一定要問問，這個給誰呀？他問要給哪一個孫子，他疼愛的就給他，這是曾子鍛鍊他父親的施捨性。曾元養曾子就不問，也是每頓必有酒肉，但是用餐完畢的時候，他就不問給誰啊？他不問所與。曾子養他的父親是養志，志氣的那個志，培育他，養他的志性。曾元養曾子，養他的肉體，吃飽了，吃的舒服點，身體好一點。這兩個，哪個好？所以說，養他的志，順他

的志，順他的心情，要孝順父母，這樣的孝順。

「護養一切」，這是「善事於佛」的，佛是護一切衆生，看一切衆生，就像自己的獨子一樣的，這樣的愛護衆生。我們既然孝順父母，願衆生也像我們一樣的孝順父母，願衆生也一樣的「善事於佛」，也像佛一樣的愛護一切衆生。所以大家看看佛祖囑託那些大菩薩，那些大菩薩救濟末法的衆生，《地藏經》表現最具體了，佛託了好多位菩薩在末法救度衆生，《華嚴經》是另一種境界，講完了這些，我們最後再講圓滿。在信行位，講來看來都是事，但是，每一件事，都是全體的大用，再轉變一下，就是不可思議的妙用。

妻子集會，當願衆生，冤親平等，永離貪著。

我們第一個題目在「知家性空」裡頭已經講了很多。妻子，反正是你得把她度了，既然是跟你有緣，你既然發菩提心，你連你的妻子都度不了嗎？反過來說，妳的丈夫，跟丈夫聚會的時候，「冤親平等」，妳要度妳的丈夫，彼此永離貪著，不執著、不貪戀，這句的涵義很深。我們前面講了很多，你要修諸法無常觀，諸法無我觀，觀成了，就理解這個意思了。

若得五欲，當願眾生，拔除欲箭，究竟安隱。

財、色、名、食、睡，我們形容這五欲是地獄的五條根，把它拔除了就安隱了，要能把它拔除乾淨了，你就不墮入六道。它像箭射到我們身上，讓你的身體很痛苦，把它拔除了，就不痛苦了。在家是你發心的根本，你要把五欲除了，五欲是貪愛之相，要是把貪愛之相除了，就剩下淨相了。以下的偈子都是一樣的。

妓樂聚會，當願眾生，以法自娛，了妓非實。

跳舞、歌妓、唱歌，在這種聚會上很高興、很歡樂的，那是世間樂，你把它轉變成以法自樂，自己能擁法娛樂。人家娛樂，喜歡跳舞喝酒，你改變一下，讚嘆佛、讀誦大乘，雖然同樣是假的，只是這個假的當中含有眞的份。

若在宮室，當願衆生，入於聖地，永除穢欲。

「宮」，在人間說，是國王住的地點。「室」，是一般人住的，我們在這些地方住的時候，要發願。當你回到家裡頭，一進家門，進到室內，願衆生「入於聖地」。聖地就是出世法，不是世間法的，出世法是清淨的，因爲我們是修清淨行的，修清淨行的要除去一些污穢。所以正念隨時不失，一百四十一願就是鍛鍊我們的正念。「當願衆生」，一想到衆生，「入於聖地」，就想到佛，每一個願都含著這個意思。

五欲是衆生的境界，拔除五欲，我們就入了出世的境界。妻子集會，是貪戀的境界，平等就不是了，不但妻子冤親平等，一切衆生都能夠平等，孝事父母，善事於佛。願一切衆生善事於佛，願一切冤親平等，廣化衆生，願一切衆生拔除五欲的箭，得到清涼，願一切衆生「入於聖地，永除穢欲。」

就是這兩種觀念，一直到底，一百四十一願都是這樣子。一個是願一切衆生成佛，一個是願一切衆生除去貪瞋癡。

著瓔珞時，當願衆生，捨諸僞飾，到眞實處。

「瓔」是戴著頂在頭上的，「珞」是持在身上，等於是衣服一樣。我們就說穿好衣服吧！有位道友，每天早上上班之前，都要到佛堂裡磕個頭，磕頭的時候，隨便的穿著衣服就去磕了。到了上班的時候，西服都穿著筆挺，領帶也都打得很好。我問他：「爲什麼？」他說：「招待客人。」我說：「你招待佛怎麼不那麼恭敬呢？」他說：「唉！沒有想到，佛不會嫌棄我吧？」我說：「佛不是嫌棄你，是你自己的用心。」他說：「菩薩不會怪罪我吧！在公司我不這樣，就賺不到錢，老板就不要我了。在佛堂隨隨便便一點，佛應該不會怪我。」我們恐怕都有這個心理。我們的恭敬心是一時的，所以我們不能夠長時間的堅持，但是，也不要裝模作樣的，我們要順其自然。要是你不用心，穿好穿壞都是一樣的，平常你自己心理沒有分別，你帶著清淨的恭敬心也沒有問題，著瓔珞不著瓔珞都可以。著瓔珞是這樣想，不著瓔珞是那樣，那就「到眞實處」了嗎？那也沒有到眞實處。所以你著的裝飾品，是假的，應當到眞實處，離開假的，到眞的地方去，是這麼一個涵義。

願衆生「入於聖地，到眞實處。」什麼是眞實處呢？你自性清淨了，那就是眞實處。眞實是你佛性的本體，捨去那些僞裝的外表，乃至於捨掉你的肉體，因爲這都是不眞實的。

上昇樓閣，當願衆生，昇正法樓，徹見一切。

「上昇樓閣」，現在我們都是坐電梯，我們這裡是一層的，這叫做「上昇樓閣」。上昇樓閣是世間法，它告訴我們，願衆生昇正法，超出世間，出世間法就是人家說「欲窮千里目，更上一層樓。」上樓高一點，看的更清楚。你「昇正法樓」，那麼你會看得更遠，「徹見一切」。

「昇正法樓」、「昇無上堂」，這都是比喻，「上昇樓閣」用「昇正法樓」跟它對照。願眾生生一切正法，由世間轉到出世間，開了悟，所以能徹見一切，必須達到自己的理體、心性，才能徹見一切，也就是說開悟了。願一切眾生都能夠明瞭自己之心，恢復他的性空本體，每句都含著這個意思。有時候在這兒說了，在那兒沒有說，但都是通的，隨文字說的。

若有所施，當願眾生，一切能捨，心無愛著。

每一部經都講這個施，施是布施，布施就是捨。更重要的，要捨五欲、捨貪愛。看一切諸法都是無常的，捨那個常見的想，不要把一切諸法當成實有的，都是虛假的。因爲佛法教導我們，要我們永遠不受生滅法的牽絆。要能捨，捨完了，心裡不要執著。「一切能捨」，能捨什麼呢？不著五欲，不著一點財物，能捨我的一切，爲菩提道，願一切眾生都能成佛。這是願眾生，除了自己本身這樣做，也願一切眾生這樣做。

眾會聚集，當願眾生，捨眾聚法，成一切智。

不論什麼約會，聚會的時候，這個聚法是苦惱的，我們這個身體，是地水火風空根識「七大」合成的，這叫聚。我們上面講，第一願就是「菩薩在家，當願衆生，知家性空，免其逼迫。」家庭就是聚，就是聚會，這是不長的，應當捨棄。

「成一切智」，觀一切法，用智慧觀察，成就一切智，我們把這個分別變成智慧，在一切分別法上，我們識得它的體。

若在厄難，當願眾生，隨意自在，所行無礙。

在受苦難的時候，或者害病，也是苦難。蹲監坐牢，自己又沒有犯錯誤，冤枉遭的，或者受人陷害，這都算厄難。自己在受苦的時候，願一切衆生，「隨意自在」。在你受難的時候，願一切衆生都不受難，發一個願，代衆生受苦。這本來是在普賢菩薩十大願王的迴向願裡，最後的十行願，他發願代一切衆生受苦，要是衆生受厄難了，無論病苦、老苦、死苦，反正一切苦，我願代一切衆生受，讓衆生隨他自己的心意，得到自在，這種願很不好發。

我們有好多道友在助念團裡頭，幫助別人去助念。一個助念的道友，也是初發心的，信了佛之後，發心很勇猛，聽說那位道友過世了，往生了，幫助他念佛，送他走。他回來之後，往往就發高燒，或者不舒服，有的還說胡話，這類事情很多。別人就說他恐怕是代衆生苦，我告訴他們，他沒有代衆生苦，而是他所助念的那個人的冤親債主找上門來了，他去助念，也就感染上了。這個不要緊的，一發心就好了，回到念佛堂，大家再給他助念一下子就沒事了。這類的事很多，我們可以採取這種辦法，回來後，當他感覺不好了，那麼大家就助念，念佛團有很多人，大家就來幫助他念一念，念一念他就漸漸好了。不要因此就生了退心，也不要生了恐懼心，這種事是有的。

當你在苦難當中，假使說光想著苦難，要害病，你會增加你的病，住監牢，你出不來了，不等他制裁你，你已經在裡頭窩囊憋死，害病就死了。這是我親身經驗的，因爲這樣死亡的相當多。那裡頭的生活條件，可不是外頭。假使在那個裡頭，你的心意自在，還債了，可好了。這樣子我的血債還了，我本來該下地獄，十萬大劫的，這下子蹲了三年監獄，災消了。那樣才能達到「所行無礙，隨意自在。」爲什麼呢？你心裡沒有苦了。苦沒苦相，苦沒苦的思惟，像我昨天引證的，提婆達多在地獄裡頭，像住在三十三天。他多麼快樂，沒有苦相，他不認爲這是苦。你在快樂當中，你也認爲那是苦。

快樂跟煩惱究竟怎麼樣來建立呢？當我們在厄難當中，我們都知道求觀世音菩薩解決困難，觀世音菩薩會代我們受苦的，會加持我們的，一念觀世音菩薩就跟我們有緣了，他會來救度你。假使你本身也能這樣子，在苦難中不把它當做苦，這樣的求觀世音菩薩，你跟觀世音菩薩就能合成一體。你的心念、觀念也就是觀世音菩薩，那麼他要救度你，就快的很。那是一如，或者到這個時候，你要是有這種境界，你求哪一位菩薩都可以，或是你自己以法爲樂了，根本無所謂了。知道因果，知道業果不爽，做爲消災免難想，那就更好了。

所以在厄難的時候，願一切衆生在厄難的時候，不要愁眉苦臉的，要隨意自在，所行無礙，這個無礙我們別忘了，〈淨行品〉是觀空的。他的心意，這些厄難都是他心意上的污染，如果清除這個污染，他又會隨意自在了。

歸依佛　歸依法　歸依僧

捨居家時，當願衆生，出家無礙，心得解脫。

我們在前面講過了，這個家是個殊勝的因緣，能夠成就你的道業。當你捨棄這個家去出家的時候，願衆生心得解脫，就像我們從牢獄得到釋放。但是發心出家的，是不是出了家，眞的就能無礙呢？有的出家人，沒有讀〈淨行品〉，佛法學的也不太多，還有家庭的情況，各種的困難。或者他自己並沒有想到出家，而是家人把他捨到廟裡去了，這兒很多，從小就捨到廟裡頭去，家裡沒有辦法討生活，捨到廟裡頭去。像這類的情形，有人問過我，出家能好嗎？我說，他生到這個家庭裡，家庭困難，能把他送到廟裡去，很不容易，這是好因緣。如果他生到富貴家庭，把他綑住了，他只享受五欲樂，根本到不了出家的地方，根本聞不到佛法，他也不會現僧相。這有多種解釋，就看修行的人怎麼解釋。現在我們修行普賢行的人，就是修淨行的人，都是講淨行，「善用其心」。

不要把「善用其心」忘了，每一句都要想到「善用其心」，「善用其心」在那兒呢？當願眾生，最後那一句，「所行無礙」、「心得解脫」、「無乖諍法」都是的。前面舉的是事，最後跟理相合。捨掉居家的那個時候，放下、看破、自在，自在了當然無礙了。他告訴你不是身得解脫而是「心得解脫」。你的心要是不解脫，出了家也不解脫，出家就跟在家差不多。要心解脫呀！所以居家是菩薩，出家是羅漢。你要當菩薩？還是當羅漢？出家也有菩薩，但我們連羅漢也得不到，連初果、斷見惑都辦不到，更談不到羅漢，我是這麼比喻。當你捨居家的時候，你的意念觀察，願一切衆生出家很好，出家就沒有障礙了。

為什麼我剛才講《優婆塞戒經》呢？大家不要聽說出家很好無罣礙，就想出家，你出家障礙恐怕還多的很。出家並不是那麼容易的，我不勸人家出家，你在家修行很好，《優婆塞戒經》告訴你了，在家的功德無量。出了家，你不修道，也不學經，到時候，東跑跑、西混混，施主又供養你。人家用血汗錢掙來的，乃至於有些人挖空了心思，掙了幾個錢，很不容易。當你受的時候，你有沒有想過人家打工掙幾個錢？我們在紐約，有打工的，一個小時還不到五塊錢，吃頓飯還不夠。你想到這個，何不自己賺自己修呢？這是我不勸人家出家的原意。假使你是大菩薩出家呢？利人天，人天推崇了。你說法利益衆生，以你自己所修行的功行、所修的道德去利人，出家當然好。但是這類的根器不太多，我沒有道德，我遇見的少。希望能夠有這種智慧，有這種智慧，在家出家都一樣。特別是在現在末法的時候，我們在家說法利益衆生，方便的多，但是各有因緣。

入僧伽藍，當願衆生，演說種種，無乖諍法。

僧伽和合，和合衆叫「僧伽」。「藍」就是園地，僧伽所居住的園地，所居住的處所。你要到廟裡去，到寺院裡去，我們說，「演說種種，無乖諍法。」這個是要僧衆自己演說「無乖諍法」。你到寺廟裡去，可要你來說，當機衆說。你聽見人家演說種種諸法，一到了寺廟裡去你就發願，願一切衆生都能夠無諍，就是這個涵義。

和合衆，在我們講是六和。六和，有理也有事，在理上圓證，圓證菩提，初果向，初果；圓證二果向，二果；三果向，三果；四果向，四果；乃至見道位，修道位，乃至菩薩的五十位，《華嚴經》說是五十三位。這是理和，大家同證、圓證。事和呢？大家同在一塊兒修行，事和就有許多種。同受的比丘戒，沙彌同住的是沙彌戒，沙彌不能跟比丘同住，大家都受戒了，都是僧，大家共同在這兒修，叫戒和同修、見和同解。見就是看問題的看法，你看是白的，我看是紅的，我們就爭起來了。我硬說是紅的，你硬說是白的，無諍得按什麼呢？得按佛說的教法，以戒法來決定，做羯磨法，這樣就消滅諍論了，就不爭了，這叫見和的同解，就是見一樣的。大家解釋一個問題，都是同樣的解釋，那麼錯誤的也不爭嗎？錯誤的不是，人跟人我之爭，做羯磨法解決僧眾之爭，那他做羯磨法大家都認識它，在我們中國永嘉大師，做這麼一個偈誦，也是解釋這個的。

「圓頓教，勿人情，有疑不決直須爭。」我對這個事有懷疑，我就要爭。「不是山僧逞人我」，不是我這個出家人要跟人爭個是非，爭人我之見。「修行恐落斷常坑」，你在修行的時候，不是落於斷見，落於斷見就我們講空性，他說一切什麼都空，沒有關係。乃至於吃肉喝酒，娶妻子都可以。這樣子不是落斷見嗎？他把那個空解釋錯了，那個空不滅不壞世間相，你就壞世間相，那就不算理。常見呢？他不能知道諸法無常，不能知道一切諸法如夢幻泡影。他一聽幻，不要緊，反正我死不了。他說活不到一百歲，活到六十歲也可以，我現在三十歲，還有好幾十年。這種是不定的，所謂無常者，就是說不定哪時候，只要是肉體，要一切法中說，都是成住壞空，生住異滅，一天都在變異，運動不停地在變，也就運動不停在壞，這是見和。

見和，大家應當對這個生滅法有共同的見解。利和同均，得到好處了，廟裡頭有人供養，廟裡頭的財物都是大家共用，平等平等，都是做羯磨法而分的。

永嘉大師說的那個偈頌，是指修行的時候，重要關頭，那是屬於知見、看問題的看法。不然不告訴他，不給他指條明路，善知識不開導他，那就是錯誤了。

意和同悅，意是心意，大家是歡歡喜喜的共同修道，在伽藍裡頭不要生是非，不要互相乖違、互相爭鬥。

詣大小師，當願眾生，巧事師長，習行善法。

大師指佛，小師是指和尚。三師和尚是指得戒和尚、羯磨和尚、教授和尚這三師爲大師。小師，像是引禮師。當你入佛門之後，一定要受戒，一定要親近這些早已出家的善知識。一切的善知識都是師長，如果到善知識那裡去請法的時候，要善識、要巧識。每位善知識都有他的個性，不是每個人都像佛一樣。在過去，你跟哪一位師父學法，不論他是五教或四教，或是法相或是密宗，如果是在我們華人師父們當中，你來學這個，給你講講無所謂，不太重視師友之間的關係。但有的會拒絕不見你，如果想親近也會有些困難，因爲他自己要修行。比如在台灣，要經過知客師，要通過許多的關卡，還不容易親近得到，小師父還可以親近，大師就很難了。密宗的師父呢？他們說見師如見佛，要想跟他修一個法必須是他的徒弟，是他的徒弟就要聽他使喚。

不過，我認爲要親近師父不容易，也就是說聞法因緣不成熟，還是很困難，聞法還是有很多障礙，因此必須懂得善巧方便，親近一位善知識，這位善知識是修什麼法門的。到這裡參學的時候，要打聽打聽這位師父是什麼宗風，我們講通俗一點，就是要知道他屬於那一宗，禪宗、淨土宗、天台宗、賢首宗或是法相宗？那麼你是學什麼的，要找對你的機，去親近你的上師。

所謂巧事者，這個善巧方便當中有這種差別。但如果要想問什麼問題，要先集中一點，這些都是指出世間的佛法說的。如果只是為世間求福德，求點智慧，求消災免難，那麼到寺廟裡，心要誠，作個功德就可以了。或請幾位師父念《地藏經》或者《藥師經》，或〈觀世音菩薩普門品〉，或拜〈大悲懺〉、〈梁皇寶懺〉，但心要誠，自然就能成。當然對師父，不要起分別心，我所說的分別心，是指對念經的這幾位師父。一般人的觀點會認為小師父沒有什麼修行，他們念可以嗎？如果生起這個心，念經作用很小，甚至於沒有作用，反而有謗法的罪過。

心裡至誠，看一切僧人都是佛，看一切在家的道友們亦如是，只要是到法會來的，我看你們都是菩薩，你們自己怎麼看我，我不管，我認爲你們都是菩薩。凡是發心能聞到《大方廣佛華嚴經》這個經題的名字，你將來一定能入法界，一定能成佛，這不是我說的，這是佛的授記。你聽到《金剛經》，《金剛經》上也是這樣說的。《妙法蓮華經》上說，只要聞到一句一偈，一定能成佛。

這叫巧，我只是講一個字，方便善巧，所以你要懂得善巧。

「習行善法」，前面親近師長，是就事上說的，這裡是就理上說的。什麼是善法呢？這是文殊師利菩薩答覆智首菩薩的，這個善法超過了十善業，這個善法必須得從事入理。在理上，我們剛才沒講經之前已經跟大家說了很多。事一定要入理，事怎麼入理呢？就是把今天所做的事迴向，這個迴向一定入到理向，入到理性，就知道性空。今天我所做的事情，都是緣起，所做的事情都是普賢行，都是行菩薩道。那就跟師父學學怎麼樣行菩薩道，怎麼樣成就菩薩道。智首菩薩問一百一十種問題要怎麼樣成就啊？文殊菩薩告訴他就是這樣成就。每四句都是成就普賢行的，都是成就菩薩道的，也就是從此成佛的。

求請出家，當願眾生，得不退法，心無障礙。

想要出家，離開世俗的這個家，但是自己發心要出家的時候，要發願，願一切衆生都能脫離三界。發菩提心的第一個就是出離心，出離心就是出世俗家，這只表示一部份，但還不能夠離三界，只是初步的能夠離開這個世俗的束縛。因爲在家修行不太方便，所以要發願，願一切衆生都能夠出了家不退，不然的話還不如不出家，我對出家的認識是這樣的。如果在家能好好修行，在家修還是好的，如果你感覺在家有障礙，你能放得下，但是出家必須獲得父母的允許，父母不允許是不合法的。

或者你們會問我，我出家是否獲得父母的允許？我的父母並不知道。那時我在外頭出家，他們在東北，被日本佔領了，我也沒有辦法回去請求他們，我自己那時候也不知道，所以這就要看因緣了。「求請出家」，在家者要請求父母，如果有夫婦關係，得請另一方答應。你要出家了，先生答應了嗎？或是太太答應了嗎？必需得家人同意，許可了才可以。

收徒弟，師父也不可以馬馬虎虎的，你來了要出家，我就收了，那不行的，先得問問他的父母同意不？像中年出家的還得問他太太，我在台灣收了兩個弟子，我都問過他們的太太，她們都願意不給他作障礙，那就可以了。要是年輕的，必須父母答應，有的是父母送出家的，這種善根可不容易，那是他前生發願，願父母不給他障礙，而且還成就他的道業，可不能退。不像現在，現在出家像在演戲似的，化粧扮個出家人，唱戲完了之後，下了台就散了。

現在，有練習出家，到寺院裡出七天或十天家，完了又回家。這個好不好呢？這也是方便善巧。我感覺到去寺院出家也好，出了，就繼續受比丘戒；若出不了，試試看，不行，回去，這樣也沒有關係。已經受戒了怎麼辦？受戒了就把戒還給佛。這樣說：我現在有業障，還沒有善根，等以後有因緣再說。男衆許可七次，女衆只一次，沒有方便，這也是不平等的。這種不平等是有一定的因緣，當然現在不是講戒，講戒的話就詳細的跟大家講。

但是出家之後，要堅定信心得永不退轉，要心無障礙，心有障礙，進都進不了，退是一定的。我說要是罷道還俗，說這個戒我守不了，趕緊請求佛菩薩慈悲，你向一個人說就行，向一個比丘說也行，我把這個戒還給佛了，還給法了，我不受了，你就去做你在家的事情，這樣子很對。如果說你又不守戒，你也不還俗，就在佛教裡混，這就是《涅槃經》上講的，魔王波旬向佛說：「這回你可死了，你死了，我就把你的佛法給破壞了。」魔王波旬就說了種種方法，這麼破、那麼破的，佛還是說你破壞不了。魔王說：「我現在想了一個方法。」佛說：「你想了什麼方法啊？」魔王說：「我讓我的魔子魔孫穿你的衣服，但不做你的事。」現在我們如果看到了那些魔子魔孫，把他當作三寶，不管他是什麼示現的。但是我的認識是這樣的，波旬以爲他勝利了，最後還是輸了。為什麼呢？就算那些魔子魔孫到佛教裡，就這麼地混了一下，不做佛事，但還是得做一點。你早晚大殿不上，有人請念經的，你為了錢還是得去念。因為你拿單錢，你不給人念經，這份錢不會開給你的。哈！只要你這麼一念，這個善根就種下了，將來這些魔子魔孫就轉變了，還是佛子。這種事，佛經上說的很多。只要是你種下了，只要一聞它，是永遠不退的，在性上、本體上不退的，但是我們所看的相還是退的。這是方便出家，沒出家以前的方便。以下還有四願，就是出家了。

脫去俗服，當願眾生，勤修善根，捨諸罪軛。

「脫去俗服」，脫了在家的衣裳，換了出家的衣裳。「勤修善根」，為什麼你要出家呢？你想捨離在家的惡，在家的惡緣多，染業多，想捨離那個染業。你出家了就別作惡了，「勤修善根」，不要走罪惡的道軛，改變一下。我們家裏頭，有很多不方便的地方。前面講的是講在家的功德，那是行菩薩道，要想完全當生斷惑，當生證眞，斷見思惑，一定得出家比較方便。出家就換換服裝，這個形式還是要做的，就是脫去俗服，把在家的衣服脫掉了，就等於把雜染去掉。我們這衣，不論是袍子，不論是身穿長掛子、小掛子、圓領方袍，本來是漢朝、宋朝、明朝，都是這個服裝，清朝改了一下，清朝不是這個服裝。我們穿的僧服不是佛制的，到了中國穿的這個袍子，就是我們那個和尚穿的裙子，爲什麼袍子裡頭還有一層呢？那就代表裙子，代表五衣。但是我們把它弄的尊貴了，說法時或做什麼重要事情的時候，才穿袍子。如果我們穿了袍子，這跟佛制合嗎？佛制是要偏袒右肩，要是你在做事，穿了袍要怎麼做事呢？拖拖拉拉的，不行的。到我們中國一千多年了就是這樣子，大家都是這樣子，你如果不穿，和尚就受責備。

那時我跟慈舟老法師，或弘一法師，我們有時候不論是講經拜懺什麼的，都不穿袍子，方便一點，就披三衣、五衣、七衣、大衣，這是眞正的袈裟。像我們一出去，不說在那邊，就說在美國，誰都知道我們是佛教徒，這種服裝很奇異、很怪。有些人說要改，說這種服裝不太好，以前是太虛大師先改變僧制的服裝，現在在台灣開世界聯合會的時候，也想改變服裝，但是積重難返，說一說還是算了，很不容易改變的。

但是，穿了這件衣服，你不大敢到娛樂場合，如果你去了，人家一看，這位和尚怎麼到這種地方來了，不論男的女的，人家都知道你是佛教徒。我說它也有好的，它控制著你，使你不能也不敢造很多錯誤的事情。有人說你穿這件服裝不行，你脫了換了還差不多，這種事也很多，也不是沒有，但大家不要起分別心。

所以我說服裝跟剃度鬚髮關係很大，因爲這是制度，這個制度不是佛制的，但是到了我們這個中國的僧人，流傳已久了，成了一個慣例了，反而可以脫離很多的錯誤，少做好多的惡事。這是落髮之後的第一願，之後就得剃頭了。

剃除鬚髮，當願眾生，永離煩惱，究竟寂滅。

小和尚還沒有鬍鬚，那是指中年出家的，要把鬍子頭髮都剃了。但是我們禪宗大德也有留鬍子的，來果老和尚就留的很長，虛雲老和尚也留頭髮鬍子，但不是有意留，他是行頭陀行，他一年剃一次。那麼一年剃一次，把頭髮一剃的最初相貌很難看。因爲他以前的頭髮一年沒有剃，鬍子也很長，長的很長很威嚴，大家看了都喜歡。趕到過年了，初一那天一定剃，因爲這不是在叢林、山裡頭，所以他就剃了。這一剃顯著有兩個相，這又不同喔！一般的出家人初一、十五，一定要剃頭，但我們中國的禪宗也有些變化，我說這些大家知道就行了。現在學禪的很好，也不是像那麼樣子了，也把頭髮剃光光的，也不行頭陀行，特別是台灣，腦殼都是亮的。我看他們每半個月剃一回，拿著剃頭刀自己這麼刮，這成了什麼呢？成了慣例，生活習慣。

要出家，要想斷盡煩惱，剃度鬚髮的時候，就是斷盡煩惱的意思，斷盡煩惱雖然是沒證得寂滅現前，但這表示著寂滅現前。永離煩惱了就是究竟得寂滅了，這一句就是剃除鬚髮，就是我們要斷煩惱了，頭髮就是像煩惱那麼多。但是文殊菩薩教導我們不要在相上執著，很簡單，應當是懂得煩惱即菩提的意思。怎麼斷伏煩惱呢？「善用其心」。「善用其心」可不要忘了，每句偈子都有關於你的「善用其心」，如果你不會想的話，會出問題，你要起了分別心，又不會想，看別人都是錯的。或是從戒律觀點學了幾部經，你也懂得了，像我們講的那麼詳細，一看了出家人，就這不對，那不對的，千萬別生這個念。我說：「你要口嚴，心裡不要生這個念，你本來是求福的事，你爲什麼捨福呢？他是他，你是你。」你「善用其心」，鬚髮一脫了，就表示永離煩惱了，究竟能夠成佛了，一出家，就成了因，這個因將來就得了成佛的果，是這樣的一個涵義。

著袈裟衣，當願眾生，心無所染，具大仙道。

袈裟是染色衣，我到印度去朝聖的時候，我看是印度人披的衣服就跟佛在時披的一樣，只是顏色不同。「心無所染」，衣服不論染什麼顏色都沒有關係，對一切煩惱、對一切事物都無所染了，因爲悟得法空，法空了，還執著什麼呢？心無所染，就一切不執著了。「具大仙道」，你就這樣子能常住妙法。「大仙」是指佛說的，你才能夠依著他的道走到究竟，這叫大仙道。「心無所染」是說法性，漸漸的就懂得空性了，懂得空性了反而無所染了，就具備了成佛的資格。出家有四個偈子，前面說的都是方便，現在講到正出家的時候。

正出家時，當願眾生，同佛出家，救護一切。

當正入出家的時候，就是你發大心的時候，現在我們出家要發菩提心，因爲你已經有了菩提心的一份了。出離心，這個出離是出離三界，不是出家就算出離，我們得把煩惱斷了，把見惑斷了，收穫就很大很大了。

我們是見什麼執著什麼，見什麼煩惱什麼，我見特別深，所以出了家要發大心，不要太執著我見。當你做一件事情的時候，想想衆生，我要怎麼樣利益人家，不要把好處都歸我一個人，這樣你可以減去好多煩惱。如果你把好處都歸自己，不說別人，就舉一個家庭裡頭，一道菜好吃，你連誰也不顧了，就端到自己跟前光自己吃，這是不對的。從小到大，就這麼一點事情你可以擴大來觀想。我們共住的時候，兩夫婦也好，家庭的成員也好，你最好不要自己都佔滿了，你給別人想想，大家多少都有一點，這就是利和同均的道理。這樣你就減輕好多煩惱。你要利益一切眾生，超過你的家族，超過你所居住的村落、國家，乃至於整個的娑婆世界，還得超出了無量世界，無量無邊的世界。你發了菩提心，菩提心是遍法界的，遍法界是要利益一切眾生的，而每個人發願不是都發法界願了，願度法界一切眾生，願度一切煩惱，眞正出家的時候，要發大菩提心，佛出家是發菩提心的，所以我們應該像佛一樣。

什麼是菩提心？就是救護一切眾生。救護一切眾生，這就是出家的目的，一共四願。從脫俗服到正出家，出家要做什麼事？出家之後首先要念念不失的受教，受教就是學經。

自歸於佛，當願眾生，紹隆佛種，發無上意。

自歸於法，當願眾生，深入經藏，智慧如海。

自歸於僧，當願眾生，統理大眾，一切無礙。

三寶有一體三寶，有住世三寶，有法性三寶，就是自性三寶，在受皈依的時候我們都講過了。凡是受三皈，三皈師一定講「自歸於佛，當願衆生，紹隆佛種，發無上意。」這句偈有些不同，一般是「自皈依佛，當願衆生，體解大道，發無上心。」涵義是一樣的。「體解大道」，是思想的意會，「紹隆佛種」，是實地要去做，不讓佛法斷，不讓佛的種子滅。出家就是不讓佛子斷，這個世界只要有和尚就是還有佛法，沒有和尚，佛法也沒有了。

皈依佛，佛，我們念爲「佛陀耶」，法是「達摩耶」，僧是「僧伽耶」，翻譯過來的時候，給簡略了。「佛」，我們再把它翻譯一下，佛陀用一個

「佛」字就翻爲覺，覺就是覺悟的覺，覺就是明白的意思，願一切衆生繼續覺，使這個明白，讓整個世界人人都明白。明白什麼呢？開了般若智慧，明白五蘊皆空，一切諸法如夢幻泡影，如露亦如電，這是眞正的明白。「發無上意」，就是這樣的意思，證得性空無我，觀諸法無常。皈依佛就是心向佛，心向佛就是將來想做佛。

法是什麼呢？法就是眞理，僧是能解決你一切的苦難，哪一個僧能解決苦難呢？僧是包括衆生，大衆和合僧，一位和尚不能成僧，要三個以上才能成衆。但是你要知道，在這個世界上，還有一萬大阿羅漢就在人間，就在我們南贍部洲裡，佛不准他們露面。他們就在人間示現來度衆生，你要是有福德智慧，你就遇到了，你沒有福德智慧你遇不到，遇到了你也不認識。

大家看了〈三昧水懺〉就知道了，他見的就是聖僧。大家都知道〈濟公傳〉的濟顚，他就是聖僧。小說上說他是伏虎羅漢，反正他就是一萬大阿羅漢來轉世的其中一個，他有這麼大的神通。但是相上看，他又吃狗肉，又喝燒酒，簡直是個墮落的和尚；從他利益衆生方面看，他做了好多有益的事情。現在你要是到杭州的淨慈寺去看，他還留著一根蓋大廟的木頭沒有撈上來，你可以弄一座蠟燭，下去看一看，最後的那根木頭沒有取上來。有關他的故事太多了，有些是眞實的，有些是編出來的，在〈高僧傳〉裡頭，他叫道濟禪師。

佛法僧三寶，應當「紹隆佛種」、「深入經藏」、「統理大衆」，主要是這三個，但是這三個不是我自己，要發願願一切衆生，都能夠「紹隆佛種」。「紹隆佛種」就是「發無上意」，這兩個是連著的，不「發無上意」怎麼能「紹隆佛種」呢？你發了菩提心才能「紹隆佛種」。

法就是我們皈依眞理。眞理在那裡呢？你得學！「觀自在菩薩，行深般若波羅蜜多時，照見五蘊皆空，度一切苦厄。」這就是眞理。把五蘊看到幻化了，照見它都是空的。定是照，不是破，爲什麼不說破，說照呢？這裡的涵義很深，是空即不空、不空即空的意思。這兩個不是把它破除了，把它破壞了，使它不存在了，那樣的空，只是一照而已。智慧照，不壞其相，這樣的涵義，這樣的智慧，才能像海那麼深。

僧屬於眾生，能「統理大眾」。你要教一切眾生的時候，不能攝受眾生，你怎麼能教人家呢？你要攝受人家，讓人家跟你學佛法，你必須得有慈悲心，要大慈大悲，就像海那一樣的，有那樣智慧，你才能容一切，海能容一切萬流。在這裡我說個名詞，一體三寶。就是本具足一體三寶，佛法僧三寶，自性的佛寶，就是你的明，就是你的智慧，就是法性理體。而你從體上所起的作用，就是智慧的作用，你起的作用就是智慧，就是相，就是法。這個相是無相的，是性空的相，是無相的相。

由佛跟法結合起來就是僧，這是自體的三寶，住世三寶呢？就是現在的出家人。我們供養的佛像，所藏的經書，或供養的法寶，這就是住世的佛寶、法寶、僧寶。我們現在都是依著這個住世的三寶，佛像、經書、僧眾，而能夠明白一體三寶，所以你要學法學經，那就要僧人跟你講解。之後就是你自性的本體，體、相、用、大方廣。我說的很簡略，讓大家約略知道這個名相而已。

受學戒時，當願眾生，善學於戒，不作眾惡。

你出家了，皈依三寶了，第一就要三皈，三皈之後得受五戒，五戒之後得受十戒，十戒之後得受二百五十戒，比丘尼三百四十八戒，有的說是五百戒，菩薩戒十重四十八輕，也有六重二十八輕的。學，這裡專門只講學戒的，這件事你非做不可，這叫作持。這個你應當持，受持，受時就要做。爲什麼要學戒呢？戒能夠防非止惡，你做的那個惡，能夠防範的住，防護你。佛說那些法，防範你的身口意不去犯，就把你一切所做的惡都止到了。但是這兩個都要做的，學是作持，止一切的眾惡，經上告訴你不許作的，是止持。不殺、不盜、不淫、不妄語、不飲酒，這個「不」字就是止，不能這樣做。而羯磨法、懺身罪、禮佛、拜懺，這都屬於作，應該做的。惡的貪瞋癡念、貪瞋癡事，不應該做的，做了，那就犯戒了，犯戒了是惡。

止作雙運，止持作持都要做，但是你得學。你不學，你不知道爲什麼。因爲作的時候、止的時候，中間還有開緣。不殺就是不殺生。如果是不沾衆生身份，但是如果你有病了，吃藥，醫師跟你配的藥裡有衆生身份，像鹿茸，這都是屬於衆生的身份，吃藥的時候，入藥裡頭了，你可以吃。或者你有遠行，走的很遠，你回來晚了，中午沒有吃飯，晚上可以吃，可以飲漿，可以喝稀飯。

開緣的時候還得有個因緣，開的時候還得表白一下。好比這一碗飯你想吃，你要吃，不行！不能拿了就吃，要對另外一個師父說：「汝知是、汝看是！」說你知道吧？你看一看。他給你說：「善！」你就答應：「爾！」你才可以拿過來吃。而且有一條，佛制只許三衣，每位和尚自己這麼三件，這叫「羯磨」，也叫「作持」。你不學你怎麼知道呢？你不學你是不知道的，所以爲什麼學戒要學二十年，就是你學了才知道怎麼做，怎麼防範。

受闍黎教，當願眾生，具足威儀，所行眞實。

受闍黎，闍黎就是我們所說的軌範師，給你做榜樣的，依他學，依著他做。他專門講威儀，和尚要具足三千威儀，八萬細行。細行，舉足下足都有戒，都有規矩。清規戒律眞的是很多的，你學的時候，非常恐怖，非常害怕。犯也一定會犯好多，等久了以後，感覺是沒有辦法，痲木了，犯就犯吧！下就下吧！我說這種情形大家可能覺得怎麼能這樣做呢？沒有辦法，我跟你們說二個例子就可以了。

我們北方天氣很冷，像這時候八月十五過了，就得穿棉衣服，有的還得穿皮襖戴帽子，必須得戴帽子，北方也沒有暖氣。如果你在講經說法的時候，不得爲覆頭人說法應當學，不得爲著革屣人說法應當學，這是在一百應當學裡頭規定的。你看全戴著帽子，全穿著鞋，那麼犯一個，一個人身上結一個「突吉羅」，「突吉羅」罪犯了怎麼辦呢？要是不懺悔，下地獄九百萬年，如果是人愈多，如一千人，好！這一千人你算一算，都戴著帽子，都穿著皮鞋，我們東北不穿皮鞋，無法保溫。一個人就兩個九百萬年，一千個人，你有好多九百萬年，我下地獄什麼時候能出來？還不要說你的功德，那不算。就說你這個說法，這裡頭還有很多細項呢？還多的很，必須得學。

出家好還是在家好？我說的就是這個涵義。你出了家，你都沒有詳細學，你一天就在那兒犯，你做的功德，你能抵得過嗎？如果沒有證得空性，抵不過。證得空性是沒有關係了！那麼你證得空性了，連妄心都沒有了，哪有什麼罪？什麼福啊？罪福本無主，都是就你心所造的。心歇了，歇住即是菩提，一切都沒有了。但是當你還沒有證到這個地步，因果報應是不爽的，如影隨形。那不是犯很多了嗎？說我學了，學了知道了，知道了你也得犯，明知故犯，爲什麼制止不了？舉幾個簡單例子。

像我們和尚穿褲子，這是不對的，按律要繫裙子。在我們中國男人繫裙子合理嗎？不行，在人情上說不過去。西藏人不穿褲，都穿裙子。穿短褲可以嗎？沒有這一說，根本不行，得繫裙子。我們袍子的內裙，都是繫的，你看到喇嘛繫的就是裙子。

這個我們一定要犯，從我們的裡頭到外頭，全是犯戒的，穿的衣服全是犯戒的。如果不穿這個衣服了，光著膀子更不行，那更犯了。你一學就知道，這太難了。說和尚難當，難當就在這一點。我們所要求的就是殺、盜、淫、妄，跟在家的五戒差不多，但是它的細行呢？每一條戒還有好多助戒。我剛才說三千威儀，行住坐臥，一個是四百，四四一千六，行住坐臥就這麼多。坐如鐘，立如松，就是連吃飯也有好多的要求，還不說心。

就吃飯這件事，我們舉個例子說明。

好比吃麵條，發出很大的聲音，這都不行的。我在鼓山的時候，過齋堂一千多人，你在門外走，你聽不見聲音，你不知道這裡面有一千人在吃飯。拿碗怎麼拿，拿筷子怎麼拿，一舉一動，甚至於到廁所去，大小便怎麼做，都有一定規定的。我們有位知客師，他在窗底下擺兩個桶子，當時沒有這麼方便，沒有抽水馬桶。你出來的一定在上客堂掛單，是對著客堂的，他看看你，是好和尚、壞和尚，留不留你單，還得考慮考慮。有一個不大懂規矩的和尚，他一進去，就把衣單擺錯了，那個知客師就把他喝斥一頓。出家人說喝斥，也就是我們所說的教育教育。晚上他出去解手，就在那個知客師窗戶前頭。第二天，知客師就說，這一定是白天來不守規矩的那個和尚。一聽，他有神通，這人解手他都知道，爲什麼？我們出去解手有一定規矩的，不能出聲音，解手一定有排泄物。一定要貼著桶子的邊上順下去，一點聲音也沒有。他不懂得這個，他在那個廟裡頭，師父也沒有教過他。像我們，解大小手，大手不能出氣作聲，都有一定規矩的。

小時候，我師父倒沒有責備過我，在戒堂受戒的時候，五十三天當中就教這個，受很多折磨，和尚實在是難當。吃飯，掉一顆飯粒，這不行。糾察師馬上就過來了，單把你叫去教育，常住一粒米，重如須彌山，是還不了的，要披毛戴角還，你掉了好幾粒飯粒，都不行。

所以大家受闍黎教，具足威儀的時候，有三千威儀八萬細行。你要想當和尚，得準備準備，準備什麼呢？一個是了道，一個是你不了道的時候，你受報。爲什麼我們要一天花好多個小時讀誦大乘，就是怕下地獄，怎麼辦呢？就一邊求懺悔。又作又懺，又作又懺，爲什麼？你制止不了，沒有辦法。像我們能拴住腦袋？思想能拴的住嗎？我們哪位道友能把你思想拴的住？思想比什麼都快。你說飛機快呀？到台灣得十六個小時，在這兒或許少一點，要十二個小時。我這一作念到了，我現在在北投，我就在北投。你一閉眼睛，喔！我現在正在榮總醫院講經！你怎麼約束它呢？用觀力。觀力，止妄、止惡、返眞，就能做得到。我把這個說的太難了。大家嚇到了，沒有關係。

但是你要是用心修觀行，你念一部經，你念《金剛經》，什麼罪也都消了。你念《地藏經》，有地藏菩薩給你作後台，不下三塗，絕對不去，你誦一遍就保證，你再讀讀大乘的《法華經》！《大方廣佛華嚴經》！你不但不入三塗，一定能成佛，這就是妙法。佛門有時候說的很嚇人，有時候又很高興，很容易入，你都不要執著。說容易入的，你也不要看的太簡單，你還入不進去；說那個嚇的，你也不要怕，你跟它無緣。我說這個大家可能不相信，就說我們這個地方，溫哥華，你說有沒有監獄？肯定有監獄。不能說沒有犯罪的，肯定有監獄，我看報紙上說監獄都快滿了，容不下。大家沒有住過吧？誰住過監獄呀？恐怕這裡都沒有，除了我之外。因為你沒有那個業，你連監獄都不知道。你如果有那個業，一造罪，你馬上就到了，一車就把你送去了，你就知道了。有沒有地獄？可以說有，可以說沒有，對我來說，沒有，我們不去，我們不知道。對於造業的人，殺人放火，或者造了業，非去不可，一定有，他自己作的。你學佛法，就聽到那些警策語，守戒、破戒、入地獄，這就是警策語，你就恐懼。聽到高興語，入了門就可以成佛，一念三千，你也別太高興。因為你沒有具足，必須「善用其心」。

受和尚教，當願眾生，入無生智，到無依處。

無生智是什麼智？無生無滅。從法的力量，生出你的法身慧命，這個法身慧命就是無生智。到無依處了，就是無生無滅了，還依什麼呢？要是說世間法無依無靠，那就糟糕了，出世間法無依無靠就好了。從這個地方開始，十信滿心入了初住了，這段經文是入了初住了，初住的境界入無生智了，相似見眞理，相似見到法性。不是證得，而是相似。要是知道這種無生無滅的境界相，他永遠不退了。後面還要講，其中有三種不退，位不退，就不會再退這十住位了。在這個時候他又發菩提心，一定能成佛，信心具足了，信心滿心了。還有念不退，念三寶，不會再重新起惡造業。

受具足戒，當願眾生，具諸方便，得最勝法。

這個就是比丘或者比丘尼戒了，這就叫具足戒。但是在〈淨行品〉上說，要受菩薩戒才是究竟的。三皈五戒、八關齋戒、十戒、二百五十戒、三百四十八戒，都是前方便，只有受菩薩戒才究竟，菩薩戒有成佛種子，一定能成佛。這個時候得最勝法，這個時候戒德圓滿，戒德成就。戒德成就是圓滿，就能夠斷煩惱證菩提，或者說轉煩惱成菩提。出家一共有這麼七願。

坐禪七願

若入堂宇，當願衆生，昇無上堂，安住不動。

以下一共有七願，屬於禪觀。這個時候所行的事都是佛事，這個佛事是幻化的修行，幻化的觀想。觀想什麼呢？觀想無常。因爲諸法都是無常的，這樣觀想，能使法清淨了，所以你所修行的就清淨了。清淨了，你漸漸地能趣入眞實理地，就是實相理。堂宇呢？堂宇就是我所說的大殿禪堂、念佛堂、做佛事的地方，乃至於吃飯的時候五觀堂，就是修行的地方。我們佛學院的教室，都是堂宇的意思。更具體解釋就是道場，現在我們這裡就是堂宇，就是道場。

願一切衆生，「昇無上堂」。無上堂是指著法堂說的，就是說法的地方。無上堂指的是什麼呢？因爲我們在這裡說《華嚴經》，講《華嚴經》的地方是普光明殿。普光明殿，七處九會，普光明殿就具了三會。「昇無上堂」，但是這個無上堂，肉眼是見不到的。那麼《華嚴經》所說的，就在菩提場，離菩提場很近，沒有幾里路，我到了印度菩提場，我去找無上堂，別人就認爲我很愚癡。他說你開玩笑，無上堂是勝境，意境。你在這兒能看到？我說佛在這兒說法，就是在尼連禪河的邊邊上，現在沒有了，這個就是指著普光明殿，七處九會，最初說〈淨行品〉的時候，是在普光明殿說的。安住不動，動是什麼呢？動者是妄，不動是眞，就證得實理了。若到這個地方，就是在修行的道場當中，你去行道而沒有證得，將來會證得。每一個道場，每一次佛七當中，總有會一個人得到實際利益，恐怕還不只一個人。

若敷牀座，當願眾生，開敷善法，見眞實相。

敷就是展開的意思。或者你拿個墊子，把你坐的禪床鋪好，包腿的單子都把它擺好。床座是什麼呢？善法座。坐在這兒的心念，一定轉變了，漸漸轉變爲純眞，不摻雜虛妄。從此敷床座是敷，敷完了又坐，願一切衆生開敷善法，而做一切善法，敷演一切善法，爲了什麼呢？見眞實相。善法跟實相是相結合的，從學習善法，修行善法，就能夠證得諸法實相的實體，見眞實相。

什麼是眞實相？眞實相是無相，無相而無不相，它能包容一切，你能夠止妄返眞了，入了法界了，法界是包羅萬象的。我們現在妄想多，或者妄想少，你想不到的事太多，你能把你過去的都幹什麼想到了不？將來到什麼地方？現在、明天、下一個月你應該做什麼事？每天應該怎麼樣、怎麼樣？有些未來的事你不知道，你想不到。妄想有兩種，第一種是過去的，你能夠緣念，一想就是過去事，你緣念到現在了。

另一種的妄想是未來，未來的計劃，現在當前的你沒有辦法，你處理不了，所以《金剛經》上講：「過去心不可得，未來心不可得，現在心不可得。」過去已經去了，你怎麼想也回不來了，過去就消失了，而明天？明天不是今天。明天是十四號，今天是十三號，明年的今天的十四號又過了一年了。但是這是人爲的，人定的。但是明年的、去年的、過去的幾年，就還在你現前的一念心中。這樣理解，就能見到諸法實相。三心了不可得，你去找實相吧！

因此，這是需要修觀的。敷床座了，開敷善法。怎麼開敷？開敷著這些個法，當你生起念頭的時候，不住過去的色聲香味觸，也不住未來的色聲香味觸，現在的色聲香味觸如夢幻影，不實在的，馬上就會變化的，是運動的，流轉不停的，你怎麼握住呢？你要這樣的來觀，知道一切諸法如夢幻泡影，在這個夢幻泡影當中，把如夢幻泡影的轉變成了眞實相。這個眞實相，我們經常說的是明心見性，乃至於諸法所顯的實體。眞正的清淨行必須達到實相，從實相而起的行門，就是一切淨行，這是修行達到究竟的時候。但是此時此刻呢？這只是希望，希望見眞實相，希望開敷善法。

正身端坐，當願眾生，坐菩提座，心無所著。

正就是不斜，身要端正，像我們現在大家坐的都很端正。但是打坐的時候，要採跏趺坐，跏趺坐就是雙盤腿。爲什麼呢？雙盤坐的時候，身子不容易歪斜，假使睡覺了，隨便你怎麼樣，雙腿不會鬆散，你是不會倒下去的。除了跏趺坐，別的坐姿，一昏沈了你不曉得，歪了，倒下去了，兩腿伸開睡大覺了。有的地方要求夜不倒單，夜不倒單很好。但是上課的時候，他就光點頭睡覺贊成我講的好？坐禪本來是去參學，是去用功，去參「父母未生以前誰是我呀？」或者「不住色生心，不住色香味聲觸法生心，這個心怎麼生呢？」說無生，要能證得無生這就對了。無生就無滅了，那就見眞實相了。

所以本來正身端坐，是要做這件事的，不是睡覺打瞌睡，要是想打瞌睡，最好倒下，拉伸了睡，睡的很舒服，睡醒了精神很充沛，讀經、打坐精神就來了，不是很好嗎？如果一定要求不倒單，一天都坐著，結果一天都打瞌睡。聽經也聽不成，念經也念不好，也不曉得念到那裡去了，糊裡糊塗的。如果大家讀誦念經的時候，你感覺很昏沈，你乾脆放下，睡一覺，睡起來再念。精神很飽滿的，這樣才能入理，所以要正。

所謂正者，不只身正，心也要正。你要善巧，修行的方式不是那麼呆板的。但是對你來說，規定一些方法，對你不見得合適，你按你的生理狀態，按你的狀況，按你的意念喜好，對你怎麼合適，你就怎麼做，不要管那些，你這樣去修行，很容易入門。我說的是眞實話。我說的這條道路，我都走過來的，我知道怎麼樣的做。

例如我們上殿過堂，必須得隨衆，不隨衆是犯錯的。你這個時候偏偏精神不好，你上殿站在那兒，人家打木魚打到那裏去了，人家念的是〈楞嚴咒〉，你反而去念〈大悲咒〉，你搞的亂七八糟的，你這樣上殿有什麼利益呢？你必須得隨衆。你胃口很不好，那麼過齋堂你要去吃，否則等你餓的時候，沒得吃了，伙房早關門了。眞正修行者，他爲什麼住山裡自己修，不隨衆呢？隨衆是怕犯錯誤，不錯，很好。但想眞正成道，你隨衆你成不了，你要打坐了，人家要出坡，到外頭去勞動了。修行的時候你一定要根據你的自己的習性、愛好，漸漸引入佛道，這樣子才能夠深入。

我們學〈淨行品〉，〈淨行品〉的首要就是心要淨，你這一坐下來就心靜，心靜你才能夠覺悟。心沒有靜下來，胡思亂想，你怎麼覺悟？你坐的那個座，不是菩提座，而是胡思亂想座，迷座。菩提座是覺座，覺座就是明白，你心靜下來，你才明白，才無所著。你如果心靜不下來，你心就有執著。當我們遇到任何境界相，我們都要生心的，我們還沒有達到五蘊皆空，色聲香味觸法都不生心，我們一打坐，都要生心。聽到外邊一個聲音都要生心。特別是你一靜下來，聽到的特別遠，或者還聽到你媽媽在家裡叫你。這個都可以有，但是這叫魔事。你要知道這是魔境現前，一定要心無所染，無論什麼境界現前，靜坐下來，觀心，心無所染。不貪戀，心不顚倒，意不貪戀，你才能夠入定，才能開智慧。

結跏趺坐，當願眾生，善根堅固，得不動地。

跏趺坐就是不散亂的意思，就是堅固坐，心不散亂。堅固你的善根，堅固是很不容易的。這個善，說的是淨行，心淨了，根就生深了。不是說這一座靜，下一座不靜了，那就是善還沒有生根。樹根愈深，風再大也颳不起來的。所以說善必須能紮入深處成了根，這樣就堅固了。你這個修行，一定是淨行，讓它能深入下去，得不動地，魔不能動。不動地是八地菩薩，魔所不能動，可是你現在不行，不是八地菩薩，還得淨信，這是信位的。此處所說的不動，就是魔所不能動，心裡這樣靜了，魔擾動不了的。你心不散亂，意不顚倒，這個時候有魔的招喚，或者有什麼鬧岔，或者現什麼色相，你都不爲他所擾，一切諸法都是如幻的。

修行於定，當願眾生，以定伏心，究竟無餘。

修行是不離止觀，修定的時候就是降伏你的心，讓它能夠有定力，降伏你的心像水那樣子的，心止如水。這樣子漸漸地伏，最初做的時候，還是不容易，但是久了，漸漸就生了功能了。在這個時候，修行定的時候一定要發願，這裡著重在發願。大家要懂得，這一百四十一願注重發願。發願就是「善用其心」，但是他發了什麼願，不是光有希望，也要去做。願行同時，一邊希望，一邊去做，那就希望達到這樣子。用這個定把心降伏起來，降伏住了，「究竟無餘」。降伏到什麼程度？降伏到一切惑都沒有了，無明、根本惑都把它拋除了。定觀本來是不分的，現在分開來講，下文就是講觀。

若修於觀，當願眾生，見如實理，永無乖諍。

於一切諸法通達了之後，無障無礙的，哪有爭論啊？當然沒有爭論了。

修觀，就是觀照的意思。觀照產生力量了，觀照的力量是怎麼產生的？是由定產生的。而且在你修定的時候，前面就是觀照。入定而起的意念，那個時候就不是意念，而是智慧。那是觀照，觀照它不散不亂，定下去了，是這樣的觀照。定慧均等，定觀兩個不分。觀中有定，定中也有觀。我們講定觀，很多經論都用「奢摩他」、「毘鉢舍那」。「奢摩他」就是止，「毘鉢舍那」就是觀，就是止觀雙運，這兩個合起來看的。

「見如實理」，見眞實理，怎麼樣才是眞實的？說「前十年見山是山」，到第二十年，「見山不是山」，第三十年「見山還是山」。「見山還是山」就入實理了，這個實理可是眞實的；說「見山不是山」了，已經入了實理了，但是這個實理不究竟，不圓融，必須「見山還是山」。那麼「見山還是山」跟第一個「見山是山」有什麼區別呢？第一個見山是山，是指世間相說的，第二個見山不是山，是證得實際理體了，山已經不是山，山是幻化的，是物質的，是因緣所生的。見山不是山，就見到性空。見山還是山，知道性空了，但是空不礙有，華嚴義就是空即是有。為什麼呢？理遍於事，理能成事，就變成了事事無礙，「坐微塵裡轉大法輪」就是這個涵義。到這個時候才能達到「永無乖諍」，才能夠見眞實理了。這就是見一切諸法的本來面目，一切諸法在無情上說就叫法性，在有情上說叫佛性。證得這個性之後，才能達到這種境界。

捨跏趺坐，當願眾生，觀諸行法，悉歸散滅。

修行的事完畢了，修完了，或一座或一炷香，修圓滿了，就下座「捨跏趺坐」。捨的時候，就願一切衆生，得了解脫，安住不動，定靜一如。因為心裡有了堅固的因，就是感到一個解脫的果，這就是《華嚴經》上講的心有所依，心有所依是什麼呢？依的是無所依。一切無所依，一切是性的意思。性體沒有什麼能依所依存在，無所依也就是依即無依，依就是沒有依。必須這樣子參，因為無所依故，才能夠心有法界；有所依故，就以你所依的為障，給你障住了，入不了法界，不能入法界。

這個時候觀一切諸法如幻，就像我們演戲，演完了收場了，知道這是如幻的。但，是不是這樣子啊？大家看電視、看電影，電影院都關了，情景還在你的心裡流連不去，不但現在不去，到了明天還想著，這就是把一切諸法都當成實有的，當成常了，就不能觀諸行法無常，觀一切法在運動，一切諸行都是無常法，既然無常，「捨跏趺坐」就是顯無常的意思。但是這散滅當中，有一個不散滅的在，是什麼呢？就是我們所參的，這個散滅作什麼解釋呢？作無我。也就是我們的肉體到了一定時候也得捨棄。你願意捨棄，你修成了。你不願意捨棄，照樣也得捨棄，還沒有修成，還在另外一個分段身。看你怎麼處理了，就是這個涵義。修禪觀的七願到此解釋完了。

食衣住行皆佛道

下足住時，當願眾生，心得解脫，安住不動。

若舉於足，當願眾生，出生死海，具眾善法。
著下裙時，當願眾生，服諸善根，具足慚愧。
整衣束帶，當願眾生，檢束善根，不令散失。
若著上衣，當願眾生，獲勝善根，至法彼岸。
著僧伽黎，當願眾生，入第一位，得不動法。

這六願就是我們「善用其心」，隨時隨地舉足下足，都是佛道。因爲依著這個「善用其心」，在你舉足下足的時候，你必定會起心動念，在起心動念的時候你應當注意，除了威儀之外，還應當注意你的行爲，你的心裡。它的特點就是告訴我們在你的行動當中，一定要發心迴向淨行。所謂行者就是心有所緣，這個六願也是「善用其心」的意思。《華嚴經》的意思，先要空心，舉足下足心得解脫，解脫就是自在，自在就必須心空。空什麼呢？妄想。妄想空了，你才能夠安住不動。不然你就會有煩惱，有煩惱就動，不是不動。

而下足、舉步、站立的時候，沒有發步之前，這是形容你解了跏趺坐之後，你必須要放腳。在放腳的時候，看來是悉歸散滅。你入定的時候，是在定中修行，沒有問題。但是你下來呢？下足就是放下腿子之後，還是要形同自在，感覺你有所得的那種勝境，應當自在解脫，心不妄動，安住不動的意思。在早晨一起來，打坐的時候，打完坐了，下了坐，要出門了，就發這幾個願。要出門的時候，把衣服穿整齊，就是這個涵義。

以下，你要打掃清潔，先漱口洗臉。這以下一共有七願，這七願，就是在漱口洗臉清潔衛生當中，也要發願。說你打坐完了，放下腿子，要穿衣服，穿好衣服就要到洗手間去洗洗手。在這洗手的過程當中，也要發願。但是前面講的，已經「入第一位，得不動法。」什麼是第一位？這裡指的是，入初住的第一位，〈淨行品〉本來是說十信，十信圓滿了，就進入初住位。初住是發心住，因爲發菩提心，他所做的都是菩薩的事業。乃至於打掃清潔也是菩薩的事業，清理自己的衛生也是菩薩的事業。這是心發願，你所做的事情都變成了菩薩的事業。發的是菩提心，這個時候，不但位不退，行也不退，念也不退，位、行、念，叫三不退。表現在什麼地方呢？以下這幾願都是在表現三不退，表現這位修行的人，因爲依這個淨行去修行，心已經得到清淨了。

手執楊枝，當願眾生，皆得妙法，究竟清淨。

「楊枝」就是楊柳樹的樹枝條。那個時候沒有牙刷，沒有牙膏，出家人就根據從印度釋迦牟尼佛傳來的習慣，嚼楊枝。爲什麼嚼楊枝呢？楊枝有五利，對我們身體有五種好處。嚼楊枝的時候，用楊枝來刷牙漱口，能明目、除痰。口裡睡了一夜了，有些氣味，楊枝能處理口裡的臭氣，之後，把牙根洗清淨，舌根洗清淨，便知味。楊枝還能幫助消化，用楊枝來漱口，能幫助消化。手一拿到楊枝，就發這個願，願一切眾生皆得妙法，這個妙法說的很深。我們把它說的淺一點，入了初住的時候，就能得到入了法界的性海。這個入是相似入，不是眞正入。這是三賢位的初位，十住、十行、十迴向。這三十位子叫三賢位，屬於賢人，不是聖人。等迴向滿了，登了初地了，那就是入了聖位了。因爲他見一分法身了，不是相似了，而是清淨證得了。這個妙法指著法界性海說的，《華嚴經》經常舉這個性體來說。因爲一切的大用不離於體，著重於體，拿到了楊枝，就發這麼個願。還要嚼吧！嚼楊枝時又發願了。

嚼楊枝時，當願眾生，其心調淨，噬諸煩惱。

嚼楊枝就發願，轉煩惱成菩提。把垢物變成清淨，去除你的煩惱就像嚼楊枝，把它都嚼斷，吐棄。漱口完了，便依序解大小便。

大小便時，當願眾生，棄貪瞋癡，蠲除罪法。

我們排泄的都是廢物，排泄的是什麼呢？貪瞋癡。這叫三毒。貪瞋癡就是我們的貪念、瞋恨心、愚癡、無明根本，這些都是不善業、罪業。把貪、瞋、癡都蠲棄、除掉。清潔衛生完了，排泄完了，要洗洗手，以下都是做這些清潔衛生的事。

事訖就水，當願眾生，出世法中，速疾而往。

等你大小便完了的時候，「當願眾生」，要發願，願一切眾生，「出世法中，速疾而往。」離開三界的污濁塵垢、貪瞋癡煩惱的深淵。「出世法」，就是聖業。聖業，修菩薩道的事業。「速疾而往」，不要因循，不要怠惰，快一點。大小便完了，你所應辦的事情完了，還要洗洗臉，洗洗嘴巴。「事訖就水，當願眾生，出世法中，速疾而往。」現在我略說這個「事訖就水」的意思。

在印度，那個時候佛弟子要大小便，先拿一個水瓶，這是十八般物不可少的，這個瓶子裡是水，不像我們這麼方便，有洗臉的，有什麼衛生設備。

公共的排泄地點，沒有給你預備水，自己必須帶淨水瓶。不論行頭陀行、不論菩薩、不論比丘，十八般隨身的物件，第一個是「軍持」。「軍持」是印度話，就是瓶子，瓶子裡裝一瓶水，但不是玻璃的，玻璃容易打碎了，灑得滿身都是。我看見的「軍持」都是銅的。大小便完了要洗，先洗大便，洗完大便了，就把手洗清淨了。在洗的時候也要發願。

洗滌形穢，當願眾生，清淨調柔，畢竟無垢。

排泄完了要洗身體，現在我們有草紙，以前的時候沒有草紙，就是用水來洗。正在洗的時候就發願、觀想，洗清淨了，要調柔善順，一切不要違逆，心情要柔軟，不要粗暴，這樣子就表現清淨了。

畢竟無垢，是照修行方面說的，性體本來沒有垢染，這個肉體本來是幻化的，就是性體從形而顯他的體性，而顯他的性的時候，性體本來是清淨的，沒有垢染。達到畢竟無垢的境地，跟究竟清淨都是一樣的，涵義是一樣，只是在文辭上有所變化。

以水盥掌，當願眾生，得清淨手，受持佛法。

污垢洗完了，還要洗手。這就不是用瓶子裡的水，而是回到了你住的地方，再洗手。洗完手的水，不要跟洗臉的水混在一起，洗完手的水，把它潑了，你還要發願。手洗清淨了做什麼呢？受持佛法。要禮拜、誦經、誦佛號、誦念三寶，都可以。

以水洗面，當願眾生，得淨法門，永無垢染。

洗完手了又洗臉，洗臉的時候要發願，「淨法門」前面我講過了，這個「淨法門」，是空、無相、無願，要從性體來說的，這是永遠沒有垢染的，這是從法的理上來說。像我們進廟的山門，我們一般走旁門，走方便門。兩邊門叫方便門，中間的山門才叫究竟淨法門。我們一邊洗面的時候，發願「永無垢染」。「永無垢染」，是究竟、清淨。這個法門是指什麼法門？是指佛演說一切諸法，使你能達到「永無垢染」，永遠沒有塵垢了，煩惱斷盡。

手執錫杖，當願眾生，設大施會，示如實道。

「錫杖」大家都知道，看地藏王菩薩手裡拿著錫杖，錫是一種金屬的名字。拿著錫杖表示煩惱清、佛法明。翻過來就是說，煩惱漸漸斷除，並不是完全去除，能夠懂得佛法了，明瞭佛法了，這是拿錫杖的意思。但在中國沒有拿錫杖的，最初，拿的是方便鏟。方便鏟，有錫杖的涵義。走到森林裡頭，或一個人住在山林裡頭，恐怕有虎狼獅子，用那個抵禦一下。還有看到骨頭，不論獸骨人骨，或者是鳥的骨，要把它埋了，這是方便的意思。拿著錫杖的意思，表示讓一切的眾生都能夠斷煩惱，都能夠明佛法。

「當願眾生，設大施會」，「設大施會」就是平等普施，普施佛法與眾生，施給眾生的眞實之道。什麼是眞實之道呢？就是菩提道。「實道」者，實是沒有的意思。實相的意思是沒有，沒有而能包含著一切有。「實道」就是眞正的達到佛道之後，能容一切法，世出世間法都能容。但是沒有證得究竟的時候，你包容不到，你包容的時候你就變了，有雜染、污染，你就不能夠自在。手持錫杖的時候就發願，發什麼願呢？「設大施會」，平等布施，「示如實道」。

洗完臉了，漱完口了，清淨事辦完了，就該托鉢乞食，要出門了，一手拿著錫杖，一手拿著鉢，下一願就是拿著鉢。

執持應器，當願眾生，成就法器，受天人供。

「執持應器」，就是我們和尚托的鉢，印度話叫「鉢多羅」，在中國華嚴經典中，譯爲「應量器」。說你胃口好大，你這個鉢就可以好大。這是就事相而言的，要是往遠看，這個應量器，是指你是不是個法器？你入了佛門了，當了佛子了，就向眾生去乞討飲食，去給眾生施法。近說，手裡托著鉢就是吃飯，就乞求食。要往未來說，將來自己成就法器，是個容受佛法的器皿，你這個肉體能夠容受佛法，接受佛法，就可以受天人供養。佛在世的時候，有些比丘住山林裡頭，經常接受天人供養。到了我們中國沒有了，只有道宣律師在終南山受了天人供養。這是說的一願，早晨一起來，洗完臉了，清潔打掃完了，一手持鉢，一手持著錫杖，這個時候發的願。

發趾向道，當願眾生，趣佛所行，入無依處。

「發趾向道」，準備好了要上路了，抬腿要走的時候，願一切眾生，趣向佛所行的。「趣佛所行，入無依處。」無障無礙的，一切眾生因為心裡頭不要依賴眾生去乞食，也不要依賴向佛乞法，我們本具的、自具的法就是自性佛寶。說不向居士乞食，就是以法為食，以法味為重，這是遠境，涵義說。當你要去乞食的時候，發了這個願，佛怎麼走的，趣向佛所走的道路。入道的那一刻，一切無明斷盡。前面不是講依處？依是無所依的依，這個道，就是佛的究竟的涅槃道。

若在於道，當願眾生，能行佛道，向無餘法。

上一願是「趣佛所行」，這裡是「行佛道」，已經在你要走的道路上了。這個時候要發願，我走的是佛道，願一切衆生所走的道也是佛道，佛道就是菩提道。智首菩薩在前面問到，如何入華嚴菩提道次第？他的每一句問號是有次序的，就是怎麼樣依著華嚴次序修行方法，依照他的次第是怎麼樣走呢？就是從信到住、行、迴向。這就能夠走這條道，之後入地，登了地位，就究竟能成佛了。所以在道上的時候能夠行佛道，所走的是佛的菩提道，「向無餘法」，無餘就是沒有剩餘，就是究竟法。究竟法就是佛所證得的果德，究竟的果德。

涉路而去，當願眾生，履淨法界，心無障礙。

「涉路」，就是向前走。在走的時候，一邊走路一邊發願，入了一眞清淨法界了，入了淨法界就是一眞清淨法界。到這個時候，心裡的一切執著都銷盡，沒有執著了，才沒有障礙。

見昇高路，當願眾生，永出三界，心無怯弱。

我們走路的時候高低不平，斜曲路。以前走路的時候，沒有大馬路，沒有開汽車的路。二千五百年前，那時候的路還是很鄉村的，街道的路沒有這麼平整。所以說有時候昇的高路，昇高了，就表示我出三界了，願一切衆生，永出三界。在出三界的過程當中，不要膽怯，不要不精進，不要表現無力。碰見下路了，怎麼發願呢？

見趣下路，當願眾生，其心謙下，長佛善根。

要趣下路，高是上路，下是下坡，比如上坡下坡。下坡要發願，願一切眾生，謙下一點，消除我慢，長佛的善根。

見斜曲路，當願眾生，捨不正道，永除惡見。

這路歪歪曲曲的，不是正路，不是大道。這是不正的道，我們把它捨棄了，在心裡所捨的那個不正道就是邪見。應當除掉邪見跟惡見，要是走到直路上，像我們開車一走上直路，你要發願。

若見直路，當願眾生，其心正直，無諂無誑。

說話做事不欺騙人家，還有面對有錢有地位的人，不諂媚他。對於貧窮痛苦的人，也不輕賤他，也不輕視他，還是尊敬他。他也是未來的諸佛。就是上不諂、下不驕，對上不要諂媚，對下不要驕慢。

見路多塵，當願眾生，遠離塵坌，獲清淨法。

這條道路不乾淨，走起來塵土很多，那麼「當願衆生，遠離塵坌。」塵是指著一切染法說的。有時候在路上，路上很髒、不乾淨、不清潔，多塵代表不清潔的意思，應當躲離它。要懷清淨法，將這個六根對六塵所起的分別心，所有一切妄想除掉。這裡的偈頌是兩個一對，下面就是多塵對著無塵。

見路無塵，當願衆生，常行大悲，其心潤澤。

有了塵土，這樣發願，如果沒有塵土呢？路上很清淨，像這條大馬路打掃的很乾淨，那就「常行大悲，其心潤澤。」用這個大悲心來運你的心，使你生起有智慧的大悲，憐憫一切衆生，願度一切衆生。

若見險道，當願衆生，住正法界，離諸罪難。

險惡的路，就是走到山林裡頭，或者有虎狼獅子，毒蟲猛獸，那也要發願衆生，「住正法界，離諸罪難。」「住正法界」，就是入涅槃，「離諸罪難」，就是把這一切罪惡的事業，一切危難的事業，都脫離了。以世間法來說，我們走這條險道，或者有毒蟲猛獸，有坑坎。有些坑你不知道，在印度要想抓住猛獸，人們挖陷井，把草敷上，表面上看不出來是陷井，但是你人走到那裡，就落下去了。走到人家捉猛獸的那些地方，他挖的很深，因爲和尙都住森林裡頭，他乞食非要經過這段路不可，爲什麼叫險道呢？就是這樣子。

以法來形容，就是形容著二乘人，求出離，遠離衆生，但這條路上也是有險路，不要落到二乘的道路上去。菩薩也有險路，菩薩不是說悲嗎？大悲心必須有智慧，不然就成悲障，大悲心的障礙。以前我們有的道友，學佛之後，心常懷悲哀，對自己也悲哀，感覺自己落到三塗六道裡頭，未來的苦無量，自己對自己悲哀，也對衆生悲哀。悲哀一陣子之後怎麼辦呢？就想找條出路，不能悲哀了事。想悲哀衆生，想度他，自己的力量不夠，而所說的法又沒有智慧的。二乘人是求出離的，斷生死的，斷生死，證有餘涅槃。大菩薩則是不斷生死而入涅槃。這個道理不斷生死而入涅槃，證得了性空而利益一切衆生，妙有而不執著空義。如果是一執著空了，沒有智慧的大悲心，就不能利益衆生。必須有智慧，否則一旦悲哀，就產生慈礙了，這個也叫險道。

以上十二願講完了，以下有十九願，這十九願是遇到很多的境界，遇到很多的事，你遇見什麼發什麼願就好了，看見什麼發什麼願，就是轉境成智慧，就是心能轉境，心不隨境轉。我們要是隨境轉呢？看見樹就是樹，看見山就是山，逛了河就到海邊去玩了，旅遊了，你看見什麼就被什麼境轉，你又不能把境轉變成智慧，這就是見事即境。見一切境界相，能轉成智慧，一共有十九願。

若見衆會，當願衆生，說甚深法，一切和合。

凡是大家聚會的地方，不一定是什麼會，凡人多聚會的時候叫「衆會」，這時候發願，願一切衆生，聚會的時候，「說甚深法」，捨一切自尊心一切和合，願衆生不要搞二舌是非，不要修人我知見，不要論世間法，世間法只有是非，要說佛法，要說苦空無常，都很好。

若見大柱，當願衆生，離我諍心，無有忿恨。

若從文字上講，這段經文不好理解。遇見大柱怎麼發願？柱子有什麼諍？假使我們蓋一個房子，過去的房子都有很大的柱頭，這個柱頭是大樑，頂樑柱，所以負荷的很重。負荷量很重的時候，你就有大任在身，所以能忍一切，芝麻小事就忍受，就像那柱子似的。因爲它要頂著上頭的重量，他根本不理你，你也不動他，你必須得有這個心。就是說你若看見大柱了，你得想一想，它負量很重，而我們自己的負荷量要歸於佛法，要利益衆生，紹隆佛種。這個量很重，你負擔的很重，在這個時候願衆生無諍。無諍者，忍受著一切不同的知見。人所說的事情，他們所說的這話，跟你心裡頭的知見不合，或當我們大家在這兒討論一個事兒，沒有人都合你的知見吧？你對不同的知見能夠忍受，像大柱子一樣支支起來，隨便你在上頭，東的西的南的北的，木頭，泥巴，一律不管，反正柱頭就是負荷重量。遠離歧見。

「離我諍心，無有忿恨。」不起諍心，不起忿恨。諍的時候，人都要冒火，就恨。心不諍，忍辱就調和，調和就柔軟。容忍歧見，容忍不同的知見，才能夠不諍。

若見叢林，當願眾生，諸天及人，所應敬禮。

這個恐怕也是大家所不能理解的，一片樹林子，見了樹林子給它磕頭嗎？敬禮它有什麼用處呢？若見了樹林子，我們就想到一片樹林子，它是能利益眾生的，給眾生作蔭涼，它的枝葉也給眾生作火燒，它的根梗，重要的可以蓋房子，作一切的支用。樹林子，對眾生有利益的，這表示什麼呢？住到叢林，表示菩薩要行菩薩道的時候，他所修行的行門，所要做的事情，非常之多。

眾生的根機不一樣，大家體會到的，譬如我們吃的口味就是不一樣。像南方人就要吃甜一點的，北方人要吃鹹一點的；東方人要吃辣的，西方人要吃酸的。山西人吃飯沒有醋，他是絕不能吃飯的，湖南人跟四川人沒有辣椒，他的飯是吃下不去的。像我們北方人吃的非常鹹，我們北方是離不開大醬的。吃什麼都要倒點大醬，沾點醬吃。南方人吃炒菜要加白糖，這是北方人絕對不做的。所以口味就不一樣了，不要說別的，甚至於一個省，一個地區，他的口味都不一樣，這是形容詞。一切的菩薩要行菩薩道，要隨機說法，說是一句話，做起來非常之難。例如一個法會，有的是高級的知識份子，或者博士碩士、大學畢業，有的法會當中，他們的知識見解，信仰完全不一樣。有的學佛法學很久，他能理解；有的學佛法時間並不多，他不能理解。但是佛法就是這樣子。如果不說，你很不能理解。

《華嚴經》上講，「譬如暗室寶，無燈不能照，佛法無人說，雖慧莫能了。」佛法要是沒人說，你自己看，恐怕你不能解釋的到，恐怕還會把字念錯了。「般若」你一定念「般若」，對呀！「那摩」你一定念「南無」，對呀！「南無」是對呀！「那摩」是另有涵義。「秀才念經，笑死老僧。」就是這樣涵義不同。「不入一家門，不知一家事。」就是這個樣子。「般若」你念成「般若」，他不笑嗎？「般若」怎麼講啊？講不通。「南無」呢？就有人問我說，你們經常念「南無阿彌陀佛」，就是「南邊沒有佛，非要到西邊去找佛。」像這樣解釋就離題太遠了。有人這樣問過我，他說觀自在菩薩已經照見了，怎麼還空呢？照見是有，照見了五蘊皆空，就是五蘊皆有。這就是「秀才遇見兵，有理講不清。」你跟他講，講不通的。所以說我們在叢林，菩薩願一切眾生見到叢林，能起恭敬心的意思，就是他行菩薩行的時候，修行菩薩道的時候，很不容易，滿眾生願，隨機說法，這不是一句話。因此，這裡形容叢林，能利益一切眾生，給眾生做涼蔭。

若見高山，當願眾生，善根超出，無能至頂。

見了高山要發願，超出三界，超出六塵，無能至頂，無人能達到頂端。這個頂說的就是成佛道。見高山的時候，就形容成佛道。

見棘刺樹，當願眾生，疾得翦除，三毒之刺。

毒是可厭的，那個樹棘刺扎人的，扎完了還很痛。那麼一心修學的人，就把這個貪瞋癡剪掉。我們形容這個毒刺，一般而言就是形容貪瞋癡，要立刻剪除了這個三毒之刺。

見樹葉茂，當願眾生，以定解脫，而爲蔭映。

見那棵樹，長的很繁盛的，很茂密的，在它底下躲躲蔭涼，在夏天就非常好。下雨了你可以在樹下躲雨，但樹容易傳電，別光爲躲雨，反而受到雷電擊。

若見華開，當願眾生，神通等法，如華開敷。

花開，人人都喜歡，都很喜悅。同時感覺有那種氣氛，有種香味，柔和的感覺。這是表什麼呢？表因行的，在因地當中修行的時候，就像那棵樹，花開的時候一樣地。神通就像花的開敷一樣的，會心花開放，心通了。神通者，神名天心，天者就是自然，佛教講的天是形容自然意，形容天心。通，就是慧性。當我們明瞭了，明照了，內心理解了，會開出一種智慧，這叫慧性。慧性了，體性通達無礙，這叫神通。一般而言，也有報通，有修得的通。報通，像人一生下來自然就有通、有報、有感。現在我們這個世上有很多小孩子，具有特異功能，那是報得的。或者他前生當和尚、當喇嘛，沒有當好，就是還沒有到成佛，他又來了人間了，由於定力關係，他來到人間，他有通。或者有天眼通的，還有天耳通的，都不一樣，報感的不一樣，這類是有的。

在這段經文中說那個神通，無窮無盡的法，就像花的開敷一樣。花開的時候，各種各樣的花，不一樣的顏色，花的大小也不一樣的，種類也不一樣的。現在誰要能把花的種類、名字全說清楚了，恐怕還很難。哪一類花？哪一科的花？很多很多，一科一類的，我們是用它表法的。〈淨行品〉只是用它表法的，借事顯理，用事相的事，來表顯這個法，讓你容易入，你一看就明白了，一念就懂了。

若見樹華，當願眾生，眾相如華，具三十二。

「若見樹華」，前面提到的華，是指一般花朵，樹上有種樹花，像茶樹的開花，櫻桃樹上的開花，也有一種無花果樹，那是例外，一般的樹花都要結果的。「眾相」就很多，什麼眾相呢？就是莊嚴法相。莊嚴法相，圓滿究竟了，具足三十二相了，圓滿了佛位，我們是就化身佛說的。就我們人間所見的佛，人間所見的相，以佛的莊嚴相，三十二相爲最圓滿了。所以就像那樹花一樣的，願一切眾生都成佛。

若見果實，當願眾生，獲最勝法，證菩提道。

果實就是開花的目的，開花結果。我們最初有個因，就要有個果。結了果，就好像你修心的時候修到一定程度，果位就成就了。但是此時此刻，只從這個事，你發一個願，一切眾生從他最初發心得到利益的時候，一步一步開始，最末見了果實了，就是證了道了，成就了，得了最殊勝法。什麼是最殊勝法呢？證了覺悟之道，覺菩提道就是覺悟之道，已經成就了覺悟之道。

若見大河，當願眾生，得預法流，入佛智海。

一切眾生如果發心，都能成佛。如果能預法流，河水是流動的，我們把河水形容爲佛所說的一切法，你能參預這個法了，那就是入佛之海，一切水都流歸大海。你入了這個法流了，一定能歸佛的智海，就是顯了法了，就是顯一切眾生，將來一定能成佛。

大家不要忘了「善用其心」。當願眾生都是「善用其心」，看見一個什麼，就想到眾生將來成佛，這叫「善用其心」。見一切境都歸成勝境，歸成我們將來成佛、引他人成佛，聞法、修法、證法到成佛。從世間法說，引入現在我們所說的苦，這個苦果，這個果實，是怎麼來的？是你過去起惑造業，招感集聚而來的，因爲有那個因，現在有這個果。假使說放走那個因，換一個學法之因，行法之因，將來就能夠證法，能證到佛的智海，就是藉這個事來顯理的。

若見陂澤，當願眾生，疾悟諸佛，一味之法。

雖然佛說法有八萬四千法門之多，甚至於不只八萬四千法門，對哪個機說哪個法，就像一片湖澤，蓄著各種的水，水還沒流入湖澤之前，各各不同，流到湖水當中了，就是一味。當水還沒有流到大海裡頭，各各河有各各水的味道，不一樣的，長江跟黃河完全不一樣的，可是，流到大海裏頭去了，等同一味，就是一樣的。所以希望眾生在煩惱知見、種種差別的因緣之中，雖然多種多類，只要一入了佛，一悟了佛的佛法了，入到佛的智海，就是一味，因此拿陂澤來形容。

若見池沼，當願眾生，語業滿足，巧能演說。

沼潭、池子、蓄水池，是作什麼的呢？灌溉田地，或者澆花，這是形容說我們要利益一切眾生，利益眾生就像池沼的水一樣，這是指說法的。見哪一類機說哪一類法，必須得「語業滿足」，願眾生必須「語業滿足，巧能演說。」說是善巧方便，對機說法。這個願，我們很多人做不到，我就做不到。你要我用英語說法，我說不來，我還不會說英語。不能用英語說法，怎能利益人家呢？怎麼能利益美國人啊？你的語業沒有滿足，那你就發願。發願「語業滿足」，語業無礙，身業無礙。身業無礙，能夠各地遊，能現種種身。「語業滿足」之後，會種種語言，到什麼地區會說什麼話。

我在福建的時候，我希望學閩南話，但我年紀大了，學不了。現在台灣說的就是閩南語，但光是學會閩南話也不行，過了泉州到了惠州，到了惠安、莆田，那又是一種話。埔田一下去，到了福州，福州又是一種話。上福跟下福又不同，「語業滿足」，很難。我們大家都發這個願，因為語業滿足無礙，佛就不可思議。「圓音一演，衆生隨類皆得解。」不論你是使用什麼種語言，包括禽獸，有些大德，能馴虎馴獅子，他久了，能懂得一切獸類的語言。衆生是普遍的衆生，包括一切衆生，這樣子才能巧能演說，有善巧方便慧。

若見汲井，當願衆生，具足辯才，演一切法。

「汲井」是打井，是吸收地下水位的地下水，水源很充足的。前面講語業滿足，但語業怎麼樣才能圓滿呢？這裡就舉辯才說明，辯才就是跟人家論一個道理的時候，能夠不失。不失者，人家所問你能答，不論他是外道或異見，或破佛破滅佛法的，你能夠跟他辯論，能降伏他。辯才無礙就像那個汲井水似的，怎麼打也不乾的意思。願一切衆生都能夠演說一切法，利益衆生。

若見涌泉，當願衆生，方便增長，善根無盡。

我們的善根無盡，無盡像什麼樣子呢？像泉水往外涌流似的，永遠不斷，永遠不斷，這也是比方，像泉水涌流，永遠不斷。

若見橋道，當願衆生，廣度一切，猶如橋梁。

「橋道」，比喻我們自己的身心。那個「橋道」上面，人在那裡蹿來蹿去，蹿來蹿去。我們利益衆生，就像「橋道」那樣似的，沒有棄捨，沒有說這個我度，那個我不度，橋是沒有分別的。高貴人走，它也是那樣子度你；貧賤的，卑下人走，它也度你，它看著是平等平等的。所以我們度一切衆生，千萬莫要起分別心。不是要能談得攏的，或者語言通的，好度，才度。談不攏的，來問你，你感覺這個知見特別彆扭，你要有耐心給他解答，像橋梁一樣子的。

若見流水，當願眾生，得善意欲，洗除惑垢。

「流水」，我們經常地洗衣服，洗什麼髒東西，都到「流水」旁邊洗的。爲什麼呢？它不腐，不腐，就沒有氣味。你一洗它就沖走了！如果你在死水的地方洗，洗完了，擱久了，你天天去洗，水都臭了。你不能到死水的地方去洗，流水才可以，這樣才能夠把你的垢染洗清淨。前面說到入法流，你看像流水似的，法是不斷的。那就是利益眾生，也利益自己，自利利他。心意、願望，都能夠很美滿，很圓滿，是善的，這樣子才能夠洗除垢染。

見修園圃，當願眾生，五欲圃中，耘除愛草。

這個園圃，是把世法的園形容成菩提園，菩提的園草，是不許貪愛、瞋恨、愚私這些草成長的。我們貪愛的草過患，所以在這五欲的圃中，除掉愛草。修園圃的時候，這個園圃是五欲，除掉五欲的愛草，就是把五欲都除掉了。

見無憂林，當願眾生，永離貪愛，不生憂怖。

什麼叫「無憂林」呢？樹林子本身是無情的，它有什麼憂愁？沒有的。就像森林，它有什麼憂愁啊？沒有憂愁，爲什麼呢？它沒有分別，也沒有知見，它是物質的。這是說我們一有了貪愛心，就會患得患失。你一旦患得患失，憂悲苦惱就跟著來了，要是沒有患得患失，就沒有憂悲苦惱了，它就不會來了，就把貪愛離掉了。「不生憂怖」，沒有恐怖，也沒有憂愁。因爲你捨了，你也不想得，這是從心地上來形容無憂。

若見園苑，當願眾生，勤修諸行，趣佛菩提。

「園苑」，也是形容菩提園的，要具足智慧園，但是不要公式化，不要跟人家修的一樣。你自己要發明創造，把你自己的園子修得更好。這是形容說你在學習佛法、明心見性的道路上，僅僅是你的智慧在發生、發展。還有說，學習佛法的時候，不一定要完全按照前人的路上走，按照佛的路上走是圓滿的，按照文殊、普賢、觀音、地藏這些大菩薩走是圓滿的。但是各各善知識，他們各有所行，所修行的法門，各有入處，他們得到利益了，可是你照著做，不一定得到。你應當根據你的智慧，根據你的發展，不採取公式化而得到利益就好。

這是形容你修行的時候，念佛也好，拜懺也好，持咒也好，法法皆能達到究竟菩提道果。但是你明明對這個法門不相應，你勉強去做，是得不到效果。你應當根據你自己的智慧，根據你自己的喜悅，你對哪個法門相應，你就做下去。不要人家一說這個法門不究竟，或者別人說那是外道，「你怎麼念《地藏經》？在家人不能念，那是出家人念的，儘是鬼神！」你往往就被他轉，你就不念了。當別人說的時候，你要用智慧善於分別，一切諸法你都做一做、嘗一嘗。人家說這個水是熱的、是冷的、是甜的、是鹹的，你喝了才知道。他也是跟著別人說的，他也沒有喝過。他聽一聽，有人說這個水是鹹的，這水有毒，喝不得。你過去，這個水喝不得，有毒，大家都喝不得，有一個人不信邪，他就喝一口，說什麼都沒有，有啥啊？你喝了才知道。這就是說你在用功修行的時候，你自己找到一位善知識，你很信他，他說念佛很好，你就跟他念佛。念佛了你就見著，時常見著阿彌陀佛，見了西方極樂境界，你就修下去。別人再說念咒好，給你灌頂，你就能馬上到極樂世界了，你說不要，我就老老實實這樣念，我也能去。這不就很好嗎？我講《華嚴經》，你高興了，你說要學《華嚴經》，我在觀音寺講《法華經》，喔！《法華經》也很好，〈觀世音菩薩普門品〉多好啊！完了我又講《地藏經》，你說《地藏經》也不錯，又念地藏菩薩聖號。觀世音菩薩、地藏菩薩都是一樣的，你不要分別心太多了。

「勤修諸行，趣佛菩提。」哪一法你都可以用，但是你最初不要都學，都學了，你不容易鑽通，功夫久了你才可以鑽通，這個道理是這樣子。愈磨愈久，磨久了你就明了，鐵磨久了它也發光，懂得這個道理就好了。如果是愚癡，多修就不愚癡，愚癡是可以轉化的，只要你遇到佛法了，就有大善根。既然遇到了，你根據佛所教導的，你去做，他就教導了，要你不愚癡。他所說的每個方法都是不愚癡的，哪個與你相應，你就做哪個。

見嚴飾人，當願眾生，三十二相，以爲嚴好。

見到這個人珠光寶氣，戴得滿頭滿身，這是有嚴飾的人，不過，我們佛弟子一個嚴飾的也沒有，但是我們有另一種的嚴飾，是什麼呢？佛的三十二相，我們用佛法來嚴飾我們自己，證得佛的三十二相。這是最好的嚴飾。還有我們前面講「入華開敷」，我們有諸佛法的加持，好多人因爲誦經、禮懺，他的面相全變，這是隨時會變的。我們對於善惡因果，要確信不已。算命批八字的，對不對呢？那叫術！不全是假的，他算的是不錯，但是他沒有轉變的方法。而我們佛教的方法呢？專門轉變。好多大德都說定業不可轉，定業不可轉，是你不肯轉，不肯轉是不能轉的；說你肯轉，肯轉一定能轉。爲什麼這樣說呢？如果定業不可轉，我們爲什麼要信佛？既然不可轉，受就好了。我們不是想轉嗎？定業不可轉，三昧加持力呢？還有我自己的心，要想轉它，業是我們自己造的，我從此不造了，我把以前造的業贖回來，怎麼辦？念佛！拜懺！誦經！都把它贖回來，哪一個都能贖。贖盡了，不就清淨了。無量劫來那麼多的罪業，你觀心！這一切罪惡是妄想造的，你止妄！誰來造的業？心！觀心！造業的心本空的。造業的心都空了，所造的業還存在嗎？這個道理很簡單，業自然就沒有了，不要把它當成眞實的。後面還要講五種邪命，算命、批八字、看風水、看陰陽等等。這些都會發生變化的，在世間法上，在世間相上，都容易起變化，何況用佛法呢？用佛法不起變化嗎？所以見嚴飾人，我們應當用三十二相嚴飾。

見無嚴飾，當願眾生，捨諸飾好，具頭陀行。

沒有嚴飾，沒有嚴飾了更好。行頭陀行，「頭陀」翻譯爲「抖擻」，抖擻精神，行苦行的。房子那麼貴，不要住房子，去籬下住，去墳地裡住，觀想無常。但是這可不容易做到，要我們現在行這苦行，恐怕做不來，反而會荒廢道業，會倒退道心。你在家裡好好念佛、念念經，「隨緣消舊業」，把過去的業，隨著因緣慢慢消失；「更莫造新殃」，別再新造罪了，就頂好頂好。

見樂著人，當願眾生，以法自娛，歡愛不捨。

見無樂著，當願眾生，有爲事中，心無所樂。

以法爲樂，喜歡執著的人，你要執著法，執著什麼法呢？執著無常法。法執還是需要的，如果是大根機了，我法二執都消失了，那就更好了。這裡說見那個喜歡貪樂的、執著的人，讓他轉境，轉變世間的樂境，變成出世的樂境，轉境入性，入到性體，心能轉境。你要坐禪，坐禪有種種快樂，得到輕安就不得了了，還有四禪的快樂。「歡愛不捨」，這是不捨法樂。要不執著世間的樂！沒有樂呢？沒有樂可執著怎麼樣呢？那就不染世間法，都是出世間法。一切有為法之中，不執著。有為法之中有很多的樂境，但是，我們沒有智慧，明明是苦，你當成樂。你一天一天的在變化，你還不曉得呢？不管你承認不承認，你總是從媽媽生下來的，從小孩子變成了這麼大了，而且從十幾變成二十幾歲、三十幾歲。像我變成八十多歲了，你不知道這中間都是苦，處處都是苦，但你把它當成樂。本來是沒有可樂的，這裡就叫我們這樣觀想，凡是有為的、有相的、有做的，沒有一個是樂事。你如果貪戀不捨，染著了，就是心被境轉，心被境轉，就在這苦裡頭，永遠流動不息，永遠不能夠出去，這就叫輪迴。迴，就是輪一圈又回到原地，就是我們輪了又去。輪了又去，還是在六道，一會兒變人，一會兒變天人。你做了好事，好事因果成熟了，就生天了，或到人間了；惡事做多了，惡事成熟了，就變成畜牲了。我們別看畜牲，畜牲也有很好的，牠有福德，就不會迴向，生前不會迴向，不會把這福德迴向三寶，迴向給衆生。我看見畜牲牠有福德的，在佛經上講：「修福不修慧，香象掛瓔珞。」過去國王所坐騎的香象，頭上掛滿了珠寶，這是經上說的。

我在拉薩求學的時候，看見達賴喇嘛，在他的園苑養了兩匹馬，我在拉薩五年，我沒看見他騎過，這兩匹馬沒被騎過一回，算是有福報吧！變了坐騎的馬，是讓人家騎的，但是不騎，爲什不騎呢？那時候達賴喇嘛出門就坐轎子，抬轎子的還是四品官，一般人抬不到，必須是四品官，這是貴族的子弟，一般人還沒有資格抬。達賴喇嘛雖然不騎馬，一匹馬還是有兩個馬夫，一天給馬洗兩次澡，到了冬季，還把水溫熱給馬洗澡。牠吃的是什麼？不是一般的青稞，而是人民吃不到的貝母，川貝是出自西藏、西康的，那匹馬吃一頓，要吃一個鏟子的貝母。那個時候，貝母無法出口，香港在作戰。日本侵略的時候，貝母沒有用處了，所以大量的餵馬，一般的馬是吃不到的。牠既然變成馬了，變成了畜牲了，牠這麼享受，人還做不到。

這種事大家可能沒有看見，恐怕加拿大也是有的。我在美國看見那條狗，我心裡想，他要是對他爸爸媽媽像對待狗這樣的恭敬，這樣的照顧，我說他是眞孝子。把狗抱到汽車上，抱下來，人還沒有幹什麼，先給狗開門，早晨還得放出來。不管愛走不愛走，也得先牽出來到外頭把狗溜一溜，放一放。你說這叫有智慧？現在這叫什麼呢？叫寵物。而且還帶狗到獸醫那兒去，經常看病，定時檢查，保險還很貴，這個世界就是這個樣子。這叫什麼呢？叫顚倒。該做的他不做，不該做的他忙著去做。他在有爲事中，這個有什麼可樂的？你說他樂什麼？這樂趣在那兒呢？我不理解。況且他自己非常的愛乾淨，非常的清潔，狗屙便了，他也不嫌棄，拿張紙把糞包起來，如果他能對他的媽媽這樣用心，就好了。可能是他前世欠牠的。但也有苦的狗，野狗就沒人管，只要這家人著了難了，狗就沒有人照管，牠那個福就享不到了，就成了野狗，沒人管。就像我們人遭了難了也是這樣。

懂得這個意思，就懂得這個「樂著」，「無樂著」。在有爲事中，那個心不要去貪戀，不要執著，這叫「善用其心」。我們要會觀察，對一切事物，在境上要會觀察，善於理解。

見歡樂人，當願眾生，常得安樂，樂供養佛。

最後這句話才對，怎麼樣才得到安樂？供佛、供法、供僧。像我們道友都得到安樂，天天到道場來念佛、念法、念僧。諸位道友，你說西方蓮池海會中善友提攜，我們現在不是善友嗎？這是未來的西方極樂世界，知道嗎？應當如是想、如是觀。

見苦惱人，當願眾生，獲根本智，滅除眾苦。

怎麼會苦惱啊？想不通。爲什麼想不通啊？看不破、放不下。這個苦惱不論是什麼，有時候，看見他很幸福，但又不理解。什麼樣算是苦惱人呢？什麼樣算是幸福人呢？沒有智慧的人最苦惱了。通俗一點，這跟看得破、看不破有關係。我以前經常講這麼一個發生在我們東北的故事。一個地主老財，他的田園很多，家也很大，可是一天到晚愁眉不展，他的老夫人就說：「我看你，簡直不知道如何是好。你愁什麼嘛？你家大業大，你還這麼愁！你看我們那放牛的，那小瓣辣子，你看人家放牛出去，唱著歌出去，回來唱，一天都在唱，快樂的不得了。看你，連個小童子都不如。」老財說：「你看他很快樂，我可以叫他不快樂。」她說：「怎麼著？你要害他嗎？」老財說：「不是，事實會證明的。」他就拿一錠元寶，丟到餵牛的草裡頭去。那小童子，有一天餵牛吃草的時候，一看，這草裡頭怎麼出了一錠元寶，高興得要死，就想這錠元寶我做什麼？又想製衣服，買棉被製什麼製這個，又想不能這麼做，又想拿它求再生利，又想買隻小驢，或者買頭豬。反正想的很多，不唱囉！出去也不唱，回來也不唱，再不唱了。

老財跟夫人說：「怎麼樣？不唱了吧！」她說：「你給他吃什麼藥？你是不是做壞事？」他說：「沒有，你看他還不是長得很健康的，他就是不唱了。」她說：「唉呀！你別害人家，人家歡歡喜喜的，你爲什麼要害人家？」這老夫人不知道原因，他就說：「好吧！我今天晚上，跟他說，明天他就唱起來了。」到了晚上，他到那小童工跟前去，他說：「我有一錠元寶，你看見了沒有？」那小孩先是想欺騙他，又想這個東西欺騙不了，他都知道了。他說：「我看見了！」老財說：「那是我的，你還是給我。」這小童工一想：「我命薄福淺哪！」根本不是自己的，「好！給你吧！」一給，他心裡清淨，什麼事沒有了，第二天早晨照樣唱起來。

唉！他的夫人一看，這眞怪，問他：「你究竟是用什麼方法使又他唱起來了？什麼方法使他不唱了？」他說：「很簡單，告訴你就這一錠元寶。」她問：「那你怎樣讓他不唱的？」我擱到那草裡頭，他撿到這錠元寶他不唱啦！」她問：「那他不唱了，他幹什麼？」老財說：「我哪曉得他幹什麼？曉得想什麼？」她問：「那你怎麼又讓他唱了？」「我到他那兒，把元寶要回來啦！沒有了，沒有！他又高興了。」老財說：「撿到一錠元寶使他不唱了，一錠元寶沒了又使他唱了。我這麼大的家業，我能夠不想嗎？我能夠不煩惱嗎？」

大家說有錢好？還是沒錢好？一切事物，都在自己。當他事業很大，你一問他說：「你念念佛吧！」「唉呀！師父！我沒有時間，我信，我知道好。」「爲什麼不念呢？」「我這個事業還得發展，我只能有進無退，退了就不行。」如果是打工的，你勸他多抽點時間念佛，他說：「我將來還想買間房子，我這輛汽車還有貸款。我不能不打工，不能不多掙幾個錢，我怎麼有時間念佛呢？」他忘了，要是到壽命盡的時候，閻王爺叫他，他什麼都得撂下，去也得去。我還不用說這個，病苦來了，你還能上班？還能夠去做事嗎？他沒有想到。他認爲我永遠不會病的，當一個人做一件事的時候，他沒有別的顧慮，根本不想了。這叫苦惱人跟不苦惱人的分別，我們都是苦惱人，我就是一個。八十歲了，還不放下，在屋裡牢牢坐著修行吧！還東跑西跑的，自找苦惱。我講經是利益人，人家有沒有眞正得到利益？我還是不明白。也有罵我的，也有恨我的，也有歡喜我的。爲什麼呢？因爲你愛說嘛！你說出話來總要得罪人，得罪哪些個人呢？不信的人。釋迦牟尼佛得罪的人，就是波旬，魔子魔孫就不信。得罪人還是不少，那麼我們跟他做弟子的，只有學著得罪人。苦惱跟不苦惱，大家自己想一想。得了根本智，就不苦惱了，無分別了！見到無分別，當然不苦惱。但是這個所斷的煩惱還是粗煩惱，斷的還不是細惑，要達到一切種智了，那就行了，這裡提到的根本智還不究竟，根本智有好幾種講法。

見無病人，當願眾生，入眞實慧，永無病惱。
見疾病人，當願眾生，知身空寂，離乖諍法。

我們前面講苦惱人，苦惱的境況多了。有病，就是苦惱的一類。那麼遇到健康的人，沒有病的人，就發願希望，他能夠見到了性空，永無病惱。如果有生，有生必有病，因爲這個是物質的、有相的，八苦之中，就是病苦。

假使說用「善用其心」的觀點，觀自己的實體，能夠了解一切法，都是幻化的，知道幻化的就是不實，沒有實體的，那我們的肉體，不是實際存在的。但我們現在沒有這樣觀，還沒有達到這種境界，這個肉體是實在的。爲什麼呢？因爲我們執著它。執著它，它要生了病，我們解脫不了，解脫不了就感覺痛苦，這是病苦。要是能夠觀察了，性空了，就是見道了，見道了就斷煩惱了，這個病苦的煩惱就不會干擾你的心。沒有病的人，事先做這樣的觀察，就願一切衆生都不會得病。如果有了病，願一切衆生能夠入空觀，不爲病所煩惱。

這兩願是對照的。一個是有病的人，一個是無病的人。我們這個身體是四大假合的，地水火風。四大不調，佛經上說，大約有四百四十種，很多人還不是這個病，只是四大不調。四大互相乖違的時候，就成了病。如果我們觀得了性空，這個病就沒有關係。如果知道身是空寂的，面對這個不調合、乖諍，就給它調合，離了乖諍法，乖諍的意思就是違合。地大偏多，我們像骨刺增生，這裡長個泡，那裡多長出一塊來，身上長塊瘡瘤、贅瘤，這就是地大不調。水大不調，就是瀉肚子、嘔吐、感冒流鼻涕，這是水大偏多。火大偏多，就是乾燥。火大偏多了，或者眼睛，身上發燒、發熱，火大偏多都離不開這些。

我們如果能夠觀空，因爲我們身體各個部門的內部組織，中間都有空隙，裡頭也有氣流動，這個大家都體會到的。如果是不空的話，這個腸子跟胃沾上了，那就麻煩。各個都是空的，中間有個空隙。但這個空不是眞空，如果你知道這個身體本來就是沒有的，說它是沒有的，因爲它是變化的。如果去分析，地水火風其中的一大沒有了，不調了，那其它的三大也不能存在了。這是分析。如果是具體的話，雖然有個身體，你不執著，你知道這是假法，你不執著，不貪戀，就沒有事，沒有苦惱了。

大家都知道，禪宗二祖慧可大師，去參達磨祖師的時候，他立在雪地裡頭。第一天就跪在那裡求法，達磨祖師也不理他，他跪了一夜了，第二天雪都覆在身上了。他跪在那裡求，後來達磨祖師問他：「你跪在這裡做什麼呢？」他說：「我要求法，求了生死的法，求明心見性的法。」達磨祖師說：「你這樣輕心、慢心的就來求法？」大家想想看，他跪在雪地裡頭，跪了一天一夜，還說他輕心、慢心。那時候，和尚都有把戒刀，戒刀就是萬一遇到違戒破戒的難、惡緣，他就自盡，不破戒，這叫戒刀。他就把自己的膀子，斷了一隻膀臂，這叫立雪斷臂。立到雪地裡頭，最後斷了一隻膀臂，這就成了一個求法的故事。

他拿著這隻膀臂就跌到達磨祖師前說：「我這樣該不是輕心、慢心了吧？」這必定要痛，割隻膀臂要痛得很厲害。他要求達磨祖師，他說：「我現在心很不安，請祖師給我安心。」達磨祖師就說：「將心來，我與汝安！」你把你的心拿來，我給你安。他就在找，哪裡是心啊？他說：「我覓心了不可得！」我的心找不到！達磨祖師就說：「我予汝安心已竟！」他就開悟了。慧可大師是這麼悟的。他找不到心，就是眞心所在，那麼他就明白了，明白了就不痛了。開了悟，心能支配境，心能轉境，他就把它轉變過來。

這就像我們在《金剛經》裡頭見到，歌利王割截如來身體的時候，在多生累劫以前，那個時候釋迦牟尼佛當忍辱仙人，修行不錯，歌利王因爲起瞋恨心，把他的身體割了。割的時候，他無我相、無人相、無衆生相、無壽者相。好像當你一悟到無我相、無人相、無衆生相、無壽者相的時候，你就解脫了。現在我們沒有解脫，因爲有執著，所以一切的病苦，你感覺到有病苦。這個乖諍法，就是你在病苦之中，互相的四大不調合，這個跟那個都有鬥爭的。見道有兩種，一種是斷煩惱的，叫二乘人見道位。他斷見惑了，也能觀一切法空，但沒有究竟證得，只是見道。眞正的得到金剛智了，一切細惑全斷了，那就究竟空寂了。這個「知身空寂」者，知身本來不存在，不要執著。

見端正人，當願衆生，於佛菩薩，常生淨信。

爲什麼長得相貌端正啊？就是人家的相貌，誰看了都喜歡。不過，所謂端正有兩種，一種是外相就很莊嚴，很端正的。一種是外相不莊嚴，但道德端正，誰見了都恭敬，別人看他並不醜陋。有這樣的事嗎？確實是有。在中國晉朝的道安法師，他的長相很醜陋，個子又小又痲，小孩時候就很醜陋。他出家的時候，他師父不重視他，以貌取人。他跟著去出坡、去勞動，種地去，那麼做了一段時間，他就要求師父，他說：「師父你可不可以也給我一本經念念，教教我。」他師父就拿個小品的給他。晚上回來，他又跟他師父說：「師父換一本，這本太少。」師父說：「怎麼少啊！你會念了嗎？」他說：「我會背了。」他師父一問他，就感覺他會背的很。他師父就給他挑了本十萬誦的，很長。他把經書拿去了，他又要出坡，種地，還得勞動呢！他回來，又要換一本經書。他師父很奇怪，說：「你都念完了？」他說：「我都會背了。」從此他師父才重視他。

晉朝的時候，道安法師很不得了的，我們知道蓮宗初祖慧遠，就是他的弟子。那時候有一位道家的老道，是習鑿齒，他有神通，崇信道教，他跟道安法師辯論的時候，他說在這個四海之內，只有我習鑿齒一人。意思就是說只有我，還沒有你呢？道安則回答：「四海習鑿齒，彌天釋道安。」就是形容著我比你還強。但是他貌醜，人家都尊敬他為大師。他門下弟子出了很多聖人，還不只是賢人。端正跟醜陋，是我們的分別心。什麼最端正？最端正的是佛。三十二相，八十種好，最端正了。你要想端正啊？相貌生的美滿、莊嚴，誰看見你都生歡喜心，都生起恭敬心，那你就於菩薩生起淨信心來，淨信是清淨信心。見端正的人你就發願，願一切眾生，都生得像佛菩薩那樣子，簡單說，願一切眾生都成佛。

見醜陋人，當願眾生，於不善事，不生樂著。

你見不好的事不要做，你為什麼醜陋呢？你做缺德事做的太多了，你感的報就不好，誰見了你都不喜歡，是這個涵義。

見報恩人，當願眾生，於佛菩薩，能知恩德。

見背恩人，當願眾生，於有惡人，不加其報。

報恩，我們經常說在迴向的時候，上報四重恩，那個恩是指佛恩、父母恩、衆生恩、師長恩，這是四重恩。爲什麼要報衆生恩呢？沒有衆生成不了佛，一切諸佛都因爲衆生而成就菩薩道的。報佛恩的時候，古德有這麼兩首詩，「假使頂戴經塵劫」，假使我們把佛頂在我們頭頂上，經過微塵數這麼多劫。「身爲床座遍三千」，在這三千大千世界，自己都有床座，供養佛，讓佛坐，或者是睡，就把我身體當做床座，遍三千大千世界。「若不傳法利衆生，畢竟無能報佛恩。」就是這樣的供養想報佛恩也辦不到。應當怎麼樣報佛恩呢？說法度衆生。

還有一首詩：「唯有傳持正法藏，宣揚教理施群生，修習一念契眞如，即是眞報如來者。」要想報佛恩，你就說法。聞到法了以後，把你所聞到的，輾轉的傳授，告訴那個不知道的，給他們講。這個也得善巧一點，比如說你見到人家不信佛，你勸人家信佛，那你要找挨罵，說不定他要罵你呢？你要善巧一點，或是當他遇到急難事，或當他無投無靠的時候，這個時候你說佛恩，他可能信。爲什麼要報佛恩呢？因爲佛發心普被一切衆生，要是沒有佛，我們不知道法，我們的苦就永遠出不來。還有佛菩薩，他行的難行苦行，都是我們人感覺到無力所能做得到的，佛都是這樣子做的，這是第二種佛的恩。

第三種，佛從來沒有爲過自己，一向都是爲衆生、爲他人的，我們也要報佛恩。那麼佛在這個六道上示現種種類、種種行，到六道去行菩薩道的時候，衆生要報佛恩。還有他隨著衆生，經過千萬劫，就隨順衆生不捨離來度衆生。第六，他的恩德就是大悲深重，佛的大悲深重。第七種的佛恩，就是他本來是很殊勝的，隱他殊勝，現一個劣身，是隨類示現。如果釋迦牟尼佛示現在我們人類，我們也不知道。就像阿彌陀佛到這個世界來度衆生，像觀世音菩薩到這個世界來度衆生，應身現的是劣身。

還有，佛本來是在《法華經》上是「惟一實相，示於衆生。」但是衆生不能接受。像最初講《華嚴經》的時候，衆生接受不了，他隱實示權。他講苦集滅道，二乘法，這是權教法。所以，最後示現入涅槃。我們衆生感覺到佛陀離了世間了，我們就失去人天眼目了。這時候，衆生因爲佛入涅槃，生起善心，就是一類衆生。

還有，佛陀悲念衆生無盡，每部經論上都這樣說，這是佛的施恩。所以，要能知道佛的恩德，時常報恩想。因爲佛就在我們的身邊，我們還不認識，因此我們時常這樣的報恩，能夠得到你自心的加持，這是你自心生起善心所得的加持。而且你自心漸漸明瞭，長時期念佛，你就是佛心。而所謂背恩，是指有一些惡人，謗佛、謗法、謗僧，這就是背恩人。我們對這種背恩人，要加以教化，不要去報復，不對他生嫌怨心、憎恨心。好比我們去幫助別人，本來是做好事，他不但不念你的德，反而回來還害你，這類的事情很多很多，特別是在這個世界上。我們要以菩薩的心，行淨行，要「善用其心」，不要報復。

若見沙門，當願衆生，調柔寂靜，畢竟第一。

「沙門」，翻爲勤息。「勤修戒定慧，息滅貪瞋癡。」又叫止息，「止一切惡，行一切善。」「調柔寂靜」呢？出家人，不會跟人動瞋恨心，發很大的脾氣，沒有。要是持戒的，依戒而行持的，調柔他的身，身不亂動；調柔他的心，心不亂肆。這就是已經證得空理的，沒證得空理的，他想向著這方面做，在人之中必定是第一的。

見婆羅門，當願眾生，永持梵行，離一切惡。

「婆羅門」，在印度是婆羅門種姓，叫做「淨裔」。「淨裔」就是清淨的梵天所遺留下來的子孫，而「婆羅門」因爲都是梵天的子孫，而叫「淨裔」。這也是修行的，是指修行瑜珈行的人。願一切眾生都持清淨行，離一切惡。這個是見什麼發什麼願，這些境界都是關於人的。

見苦行人，當願眾生，依於苦行，至究竟處。

現在修苦行的人，在台灣也有，在大陸也有。住在山裡修行，他對於衣食住行，非常的節儉。對這樣的人，願一切衆生，要一直吃苦，能達到究竟，證得究竟果。吃苦是減少五欲，對五欲境界不貪，對五欲境界能夠不貪不戀，逐步的修道，將來未來劫能夠成佛。

見操行人，當願衆生，堅持志行，不捨佛道。

「操行人」，自己發了願，想行道要精進不退。「操」是操守，比如說我們對一個戒，受了之後，發心、堅持，整個其他的方便戒，你持不到。但是四根本戒絕不能犯，殺、盜、淫、妄。「操」是操守，自己立定一個志向，一定要堅持到底，不要半途而廢。

例如我們學了佛，念佛求生西方極樂世界，你要好好用功，不要懈怠，遇到點危難或遇到點挫折，那個志行就不堅定了，一定要堅持志行。這個志行是指著不捨佛道，向佛所走的菩提道上去做，不能另外改道。能夠經常這樣的用功是很難的。我們經常是退退進進，不要說大挫折，今天有點什麼事情，就斷掉你的功課，很多人都有這種經驗，這個就不叫堅持。但是我們要發一時的勇猛心，想做一些事情，這個勇猛心是好，發了之後又退，要能夠堅持不捨。「勇猛心好發，持久心難持。」持久心不容易，我們接受一個任務，做一件什麼事，要我們勇猛地去完成，乃至於捨掉生命，這比較能做得到。你要堅持不懈地一直地達到生極樂世界的這個目的，這恐怕就有困難了。在這個世俗當中，一位大將，一位鎮守一方的主事統帥，他能夠捨了他的生命，但要他把這個城守住，那就很難了。所以說「慷慨赴死易！」慷慨地把生命捨掉容易，「從容守土難！」這是說保持敵人侵略不了的任務，那很難。我們被煩惱逼得沒有辦法，或者犧牲這個生命，這是很容易。你堅持地不被磨倒，一直堅持著，在平常事物之中能夠堅持不懈，這是很困難的。比如我們念佛，無論有什麼干擾，我一定要念。偶爾一天念，不要定太多，定太多了你念不成。或者一千聲、一百聲，一百聲幾分鐘，這一天非念一百聲不可，無論什麼干擾。這有什麼用處呢？現在沒有用處，你每天這樣做，到你臨命終的時候，就會曉得它的用處，就是這樣的意思。像你一天在銀行裡頭存著幾十塊錢，這也沒什麼了不得的。當你積累多了，三年五年、十年八年的，要是出點問題，銀行的存款你可提得到，這是很簡單的一個道理，但是操守就不行。

見著甲胄，當願眾生，常服善鎧，趣無師法。

這是表精進。對敵作戰，精進對付煩惱賊、對付冤家。什麼是我們的冤家？煩惱就是自己的，當自己的內心起了魔障，就跟自己作戰。我剛才講的，你要修行一個行門的時候，在修行當中，對這個行門堅持不下去，那叫內心的魔障。要披精進鎧。

「趣無師法」，這個「無師法」是指什麼呢？是自己的觀心自相。在有師之時，師是引誘你的；無師之時，是你自己反聞。所以「無師法」證得究竟，「無師法」代表無爲的。

見無鎧仗，當願眾生，永離一切，不善之業。

「鎧仗」是作戰用的，在事上說，便是遠離一切是非，凡是有爭議的地方，凡是有作戰的地方，兩方鬥爭的地方，你要離開，永離一切。是非爭議是不清淨的，這都是不善業。

見論議人，當願眾生，於諸異論，悉能摧伏。

「論議」，就是互相辯論，辯論就互相爭執。或者人家對佛教提出批評意見，你維護佛法，維護佛教的正見，就跟人家辯論，「異論」者就是外道，辯論的時候能把他說服。

見正命人，當願眾生，得清淨命，不矯威儀。

「矯威儀」，就是五種邪命。五種邪命，一個是乍現奇特相，如果處在現階段的社會，我們要是現頭陀行，頭上戴個箍，頭髮留得很長，手裡拿隻錫杖，披件祖衣，穿上袍。在現代社會，你若是現奇特相，如果不爲名利，如果行菩薩道，那還可以。但是爲了名利，這就叫奇特相，爲了接受供養名聞，或者自己說自己的功德。還有給人家看相、批八字、打卦、占吉凶禍福，這是不許可的，這叫五種活命，這是戒律所限，這不叫正命，叫邪命。

或者高聲現威，很有威儀的樣子，讓人家怕你，讓人家敬你。第五，爲他說法，爲他說法還是邪命嗎？爲他說法是爲了名聞利養，他心裡有貪圖，這樣說法叫邪命。離開這五種就叫正命，但是現在我們人都喜歡看相、批八字，問吉凶禍福。像我講的《占察善惡業報經》，佛經裡頭只有佛許可了地藏王菩薩說，讓堅淨信菩薩問地藏王菩薩有關占察輪相的問題，占吉凶禍福。這是不是邪命呢？要有所區別。地藏王菩薩做這占察輪相，當你要占時，必須得禮拜持誦，念他的名號。但這是爲了修道用的，不是一般的占卜，地藏王菩薩一再的囑咐，給別人或代別人占的時候，不許受人家供養。你要是爲了紅包而占，那就犯了罪了。我們一些弟子，在台灣的在家弟子，都可以依這個法給人家做，但是不可以求利，得眞正的是爲了利益他，引他入佛門才可以。說到這兒，算命靈不靈啊？有沒有道理呀？或者看相、批八字的，有沒道理？在我們中國傳了兩千多年，從易經上說，這種事情確實是有。

相命、批八字、算命，應該說是引人爲善的，指示你的迷途，但是佛陀爲什麼要制止呢？如果一個出家人，去搞這個，還修道不修道呢？要搞這個一定要講價錢，你這個命貴，你這命好，要發財，你得給我好多錢。靈驗了，你還得酬謝他，但是他也沒什麼幫助你的好方法。現在的算命、批八字，他也聰明了，也假著佛法來跟你講。他說你命很不好，你要念佛、念地藏王菩薩，這個正命跟邪命所有的分別，就在你的思想，「善用其心」。你說不靈，很準；你說眞靈，不可靠。因爲這裡頭的變化很多，他算只是知道當時的階段，如果要講這種變化的例子，我的故事很多。

大家都知道宋齊、宋焦的故事，就是他救了幾十萬螞蟻，從連考上入第都不可能的，變成得到中了狀元了，而且狀元那一科中了二個狀元，這就是算命的不可靠。那算他的命是絕對算不上的，因爲中間起了變化。爲什麼算命不給和尚不給老道算呢？和尚、老道他們會變化的，道家也有變化，他修成了仙了，他相應了；那麼出家人今天念一部經，念得很相應，或參加一個法會，一聽，他心裡開了悟了，他懂得很多道理，他的命馬上就變化了。

「見正命人，當願衆生，得清淨命，不矯威儀。」就是眞正的、正信的，要離五邪。以法爲我們的慧命，以這個戒律，以這個施主的施樂食，養我們的性命，養我們的身命，以這個來修道。願一切衆生都「得清淨命」，「得清淨命」就是不爲邪命來活生，不爲邪的資財來養活我的身心。

若見於王，當願衆生，得爲法王，恆轉正法。

若見王子，當願衆生，從法化生，而爲佛子。

若見長者，當願眾生，善能明斷，不行惡法。
若見大臣，當願眾生，恆守正念，習行眾善。

這一共有四願，這四願就是王公大臣。當然我們也很少接觸，在過去的時候，我們和尚見的只是一般官員，幾乎很少見到王公大臣。所以假使見到王了，我們就要回向法王，法王就是佛，於法自在，王者，自在也。在世俗間，他做了王、做了皇帝，他當然自在。他說了算數，他想怎麼著就怎麼著。

佛在一切法上，於法自在。於法自在是見思二惑、煩惱無明一切都根除了，能夠自在。經常轉的是正法，當了國王要行善法，要行五戒十善，這才叫正法。「若見長者，當願衆生，善能明斷，不行惡法。」長者，是有德。富饒、德尊、望重，都稱爲長者。那麼在一個村落裡，在一個縣裡，在一個聚落裡，長者是很有權勢的，一般的人民有爭議或有什麼事，都找他來做判斷。那個時候不是現在的法律，古來的時候，明斷者不偏於那個，不受賄，不歪曲，也就是不行惡法。

「若見大臣，當願衆生，恆守正念，習行衆善。」大臣是掌握國家行政的，管理一切的人民，所以他要正念處理問題，不要生邪念，不要貪污腐化。要做善事，不要做惡事，不要做危害人民的事。

若見城郭，當願衆生，得堅固身，心無所屈。

「城郭」，過去修城，有兩種城。若是有戰爭，或是有盜賊，外城就是抵禦防範的意思。城外還有個護城河，圍著這個城還有一道水溝。要是看見「城郭」了，發願什麼呢？說「得堅固身」。什麼堅固身呢？我們經常說金剛不壞體，什麼是金剛不壞體呢？我們能夠悟得空性了，才是金剛不壞體。有相的有形的，一定要散滅，這是肉身。「城郭」是形容戒律，「城郭」表示佛制的一切戒，防範一切惡，做惡的。有了這個戒了，就能保護，你不犯戒了，一定能夠成道，一定能去掉這個煩惱賊，見惑思惑，因此心裡就沒有恐懼了。破了戒了，戒沒有防護住，心裡就有恐懼。我們破了戒了，心裡有恐懼，怕下地獄。那就要懺悔，懺悔了就清淨了。

若見王都，當願眾生，功德共聚，心恆喜樂。

這個「王都」和「城郭」有區別。「王都」就是內城，「城郭」是外城。內城就是皇帝所處的處所，當然這個處所如富貴。現在我們國家的首都特別好，財富好。聚匯了天下大事，國家天下大事都由這裡發號司令，所以是功德聚。我們見到「王都」，要知道什麼是我們的內城，就是防護我們的心。心不散亂，意不顛倒，你能夠集聚無量的功德，持誦禮拜，這都是集聚功德的。心裡常是歡喜，沒有憂惱。

見處林藪，當願眾生，應爲天人，之所歎仰。

「林藪」，就是阿蘭若處，就是城外的，或者離開聚落的寂靜處所，就是修道的處所，一般的出家人應該住在那個地方。佛在世的時候，比丘都在森林裡頭、林間、樹下，都在那兒修行，清淨，沒有什麼干擾的。在這個地方修道，無有貪戀的意思，在五欲境上，漸漸就斷除了，這是人天所共尊敬的、讚歎的、仰慕的。

這裡從「若見城郭」開始共有二十幾願，都是去化緣、乞食，一共有二十二願。就是到了吃飯時間，到了路上去化緣，或者到了王都裡頭化緣，住在離王都近的，就在王都裡化緣。這王都、城郭就是你所見的境，或者看見樹林，就是你住的地方，離開的時候，要發願；或者入里乞食，到這個鄉里，因爲你所住的地點又經過了樹林，其他的林，都應當如是發願。

入里乞食，當願眾生，入深法界，心無障礙。

「入里乞食」，就是鄉里聚集居住地區、村落，你到了有人的村落，聚集的地區，你才能化飲食。乞食必須到聚落，你到樹林子是化不到的，所以，你要入里，就是鄉里。

乞食，向人求飲食。「當願衆生，入深法界，心無障礙。」入里時，把這裡當成法界，但是這個法界，所謂「深法界」者，就是不著一切相，告訴你不著一切相。不著了才能普遍，要是一著了就有局限，入里不局於里，要當成一個法界。就是把你心量擴大，就當你乞食的時候，雖然是這個村里，而把它當成一個全體的法界。你所乞討的，一切衆生，平等平等，遇到誰、誰給，就跟誰要，是這個涵義。

到人門戶，當願衆生，入於一切，佛法之門。

這都是乞食前的境界相，或者入里，走入城郭，王都，林藪，到了鄉里，這回到了人家門口了，到人家門就發願，入佛法之門。到了人家之門，就發願入了一切佛法之門。見境的發願，見什麼境發什麼願。

入其家已，當願衆生，得入佛乘，三世平等。

進了人家門之後，應當以佛眼觀一切，要注意你的思想。到人家裡，不要看人家是富是窮，要是看到貧、富，會產生選擇心。要是富，你會想這回我一定得個好飲食，給我好一點；要是窮的，他們自己都沒得吃，你心裡可能就有分別了。不要起分別，走入佛乘，佛乘是大乘、無上乘。什麼是佛乘？心！要心心平等，觀一切都是法界，前面深入法界，一切唯心，一定要平等平等，不要起分別心。

見不捨人，當願眾生，常不捨離，勝功德法。

你也發願了，他不捨你就走了。願什麼呢？「勝功德法」。說殊勝功德，不要捨掉。

見能捨人，當願眾生，永得捨離，三惡道苦。

這兩個是對照的，一個是不捨的，不捨的也給他回向，回向什麼呢？願一切衆生，不捨離一切功德。見能捨的人呢？就當願衆生，也發願了，能捨離，捨離什麼？貪瞋癡。地獄、餓鬼、畜生，三惡道你貪戀它做什麼？誰都不願意要，捨貧窮、捨痛苦、捨病惱，發願一切衆生都捨離。

若見空鉢，當願眾生，其心清淨，空無煩惱。

走一家，人家不捨，走二家不捨，走了三家，不能再求了。事不過三，怎麼辦呢？就空鉢回去，餓肚子。

空了，鉢沒有裝滿，或者是空的，怎麼發願呢？這回可清淨了，什麼也沒有了，空寂煩惱，把煩惱空了，心裡就清淨了。沒吃飯也清淨。回去打坐的時候，肚子空的，不睡覺，瞌睡來不到，這也清淨，若見滿鉢了，這又怎麼說呢？滿鉢了，就翻過來說了！

若見滿鉢，當願眾生，具足成滿，一切善法。

空的是煩惱，盛滿了是一切善法，六波羅蜜、四無量心、二種觀道實境界，這全是善法，滿足一切善法。

若得恭敬，當願眾生，恭敬修行，一切佛法。
不得恭敬，當願眾生，不行一切，不善之法。

在乞食的時候，有時候會得到人家的恭敬。一般的乞食都派那個童男童女，或者男孩子女孩子，十二、三歲這麼大的，跪在那兒，把供養的飯頂在頭頂上，師父就拿著倒在鉢裡頭，並很恭敬地領師父出門。或者請師父給他說法，給他回向。有的你不能白受飲食，人家沒有請的時候，你也得心裡頭默念，給人家迴向。使這家吉祥如意，把你修道的功德分給他們，他們要分一點飲食給你，你以這個飲食養你的道力，不得恭敬呢？你也要發願，願一切眾生，不行一切不善之法，不好的法，不要做，做好的法。

見慚恥人，當願眾生，具慚恥行，藏護諸根。

見有慚愧的、有羞恥的人，知道廉恥的人要發願，發願一切眾生都具足慚恥。「慚恥」，就是你六根犯罪了，應該懺悔，「藏護諸根」，不要讓它犯罪。這個包括很多，耳朵聽到聲音了，也聽到惡聲音，也有聽到善聲音，你都不要計較，常思慚愧。聽到惡聲音了，又有歌樂，這是我們出家人所不應當聞的。你要慚愧自己，之後，自己有這慚愧心就不會生煩惱。就是這樣子，具足慚恥，常時懷著慚愧之心，身體的眼耳鼻舌身意六根，好好保護，不要放逸，不要懈怠。

見無慚恥，當願眾生，捨離無慚，住大慈道。

我們見了無慚無愧的，不應當對他生厭離心，不應當對他生嫌怨心，也不要瞧不起他，不要把他當惡人看待。願他捨離這種沒有慚愧心的恥心的，這就是大慈悲心。「住大慈道」，這要隨順國情的不同，每一個國家都有它的生活習慣，風俗習慣。我們不能拿我們國家的風俗習慣來看，要跟我們一樣，認爲人家那是無慚無愧的，這是不行的。

過去我在青島，看見那個穿游泳衣，在海邊游泳，那時青島已經開放好多年了。後來戰爭了，大家逃到青島來，看到海邊上那麼多人不穿衣服，山東老鄉他就罵！有的到了我們住的精舍，就在游泳場、體育場的山頂上，那些居士到精舍來就發牢騷了，他說：「你看，這一幫畜生。」我說：「你這是造業！這是人家的風俗，人家是這個習慣，人家運動，人家修健身操呢！你管得著嗎？你拿你的國情，喔！藏覆六根，身體都要包起來的。」現在回教徒還是這樣子，回教徒的臉包嚴嚴的，如果我們看見回教徒那一種袍子，圍上一個月才能拿下來洗一洗，我們看了不衛生，你也不要看不慣，要隨順人家的國情。學佛法不是講圓融嗎？「住大慈道」的意思就包含著這些。

你要是到紐約，在海邊上，大家都脫光光的在那邊曬太陽，你也感覺煩惱了，你用不著，跟你不相干。在他們的風俗習慣，人家認爲那是對的。你認爲是錯的，這不行的，你要是不願意，你躲開。你能包容一切，這叫大慈大悲。這裡頭的涵義很多，看見人家的錯誤，你反而感覺自己很好，指責他那樣子，這就完全失掉了你做菩薩的心了。因爲衆生有種種根，衆生有種種欲，衆生有種種種姓。這個包羅的太多，你要「住大慈道」，一切都解決了。如果沒有慈悲心，解決不了。

這都是說你在乞食的過程當中，所遇見的外境，你下來是要跟人討吃的，爲了要討吃的，討到了，你養了你的身體，回去好修道好成佛，就這麼個涵義。上向諸佛乞法，下向衆生乞食。因爲你什麼也不做，同時，你把你所修得的，還要給人家回向。

若得美食，當願衆生，滿足其願，心無羨欲。

有的時候，你得了很好的飲食，就高高興興給人家回向，滿足衆生的要求，人家供完了飲食，你要問人家有什麼願，想求什麼呢？他對你說什麼，你可要滿足人家的願。不要得了飲食，不跟人家說什麼話。像在我們這裡的道友們居士，請我們法師去應個齋，去吃飯。吃完了，你也要給人家迴向，起碼要說個四言八句，吉祥話。要給人家說，人家沒有要求，你自己心裡也給人家唸，這是規矩，這是戒律，一定要做。

得不美食，當願眾生，莫不獲得，諸三昧味。

得了不好的飲食，要把它當成了三昧看，「諸三昧味」。這個是眞正的好味。「三昧味」，提醒你的，去你的貪心。得了粗澀食，你還要高高興興的，要是沒這個你還活不下去。美食跟不美食，都要這樣子發願。

得柔軟食，當願眾生，大悲所熏，心意柔軟。

像我現在就想得「柔軟食」，煮個麵條，饅頭，飯煮的糊一些。那就柔軟，爲什麼呢？嚼不動。萬一得了柔軟食，得了美好飲食，就知道把它回向我們的心，我們用大悲來熏心，「柔軟」是表法，你吃了這個軟的飲食，你的心都柔軟了。心不要狠硬的，對人家的痛苦，我好像漠不關心，我們和尚能做什麼？你能做什麼？可以念個咒、念部經給人家迴向。經上不是說你全心念一部經，你記住經上的一句話都可以，如果記不了那麼多，「一切有爲法，如夢幻泡影，如露亦如電，應作如是觀。」這個偈子你該記得吧！我想誰都記得。說這個一百四十一願，你記住一個都行，你給它回向。大家不要忘記，這是文殊師利菩薩回答智首菩薩所問的。智首菩薩問的，我怎麼樣能成佛啊？我怎麼樣能斷煩惱啊？前面問了一百一十種問題，文殊菩薩告訴他，這麼做就成就了。這就是修行，還是依照華嚴修行的，這叫淨行。用心的觀力，隨時「善用其心」，這裡頭，一言一句都是觀想力，從淺入深。

得麤澀食，當願眾生，心無染著，絕世貪愛。

若飯食時，當願眾生，禪悅爲食，法喜充滿。

若受味時，當願眾生，得佛上味，甘露滿足。

飯食已訖，當願眾生，所作皆辦，具諸佛法。

若說法時，當願眾生，得無盡辯，廣宣法要。

乞食的時候，一共有二十二願，前面講了十七願了，現在講到十八願。說得到不好的飲食，很粗糙的。乞食的時候，人家供養什麼就受什麼，在受食的時候，不要選擇粗細的分別，所以心不要生起分別的貪戀。不要生染著，得了粗食的時候，不好的飲食，心裡不歡喜，這叫染著。貪愛上味，或者貪愛美味，這是不可以的。

以下就是「若飯食時」，食就是吃。在你吃飯的時候，不要執著世間的味道，也不要執著飯的味道，要以「禪悅為食，法喜充滿。」在這個地方，六道眾生所吃的飲食，各各的感受不同。天道的，就是以玉液瓊漿，這個我沒有吃過，不知道那是什麼味道，反正是最上妙的。也不要自己去做，自然的就會化現，它是福報所感的。人道呢？就是百穀雜糧，加上佐味的一些菜疏。畜生道呢？牠是吃腥嗅的，但是畜生道有不同的，像馬牛羊，牠吃的是草，一般地，以肉食為生的那些畜生道，虎狼獅子，牠是以腥嗅為食的。鬼道呢？人要是長瘡、出膿、膿血，或者我們降生的時候，牠要吃那個。所以說六道眾生所感受的飲食不同。我們人間雖然是以百穀做主食，但是副食很多。淨土以什麼為食呀？淨土就是以「禪悅為食」，聞法就當吃飯了，「法喜充滿，禪悅為食」，那就以法喜為食。

「若受味時」，味就是菜疏，就是佐飯的，幫助下飯的材料。那要聞法味，以佛說法的味最好。

「甘露滿足」，「甘露」，在宋朝傳言是不死的藥。在我們人間，「甘露」就算是最上的美味了，可以這樣形容了。道家的「甘露」，這是修道法的，是用我們舌頭尖舔我們鼻子底下的根，舔鼻根，用舌頭往上舔，能舔到好高就舔好高，這個時候，從你鼻根流下來一股水，你舔的時候，甜蜜蜜的。

它會落了那麼一滴，修法一段時間才落一滴、兩滴，這個他們叫「甘露」，道家以這個爲「甘露」，自己所生的玉液瓊漿，就是甘露水。也有些錯誤的解釋，例如漢武帝修銅台，接天上的甘露，早晨，太陽將出未出時的露水，說那是甘露，不是的，那是外相。「甘露」在人自己身上，但是不多，「甘露」能夠除好多種病，要以這個爲「甘露」。

「飯食已訖，當願衆生，所作皆辦，具諸佛法。」這就是說法輪未轉，食輪當先。吃完了之後，要幹什麼呢？聞法說法。我們從《金剛經》上頭講，如來到了吃飯的時候，乞食回來，把飯吃完了，把吃飯的器皿都洗好了。「洗缽已，敷座而坐」，那麼佛就自己把那些草敷一個座位，坐在那草上，在印度、西藏還是這樣的形式。弟子們就圍了一圈，大家都吃完飯了，都坐下來，這個時候一定要說法，或者是漫談。那個時候，就坐在草上頭，敷座而坐，也沒有像我們現在陳設這些墊子。或者有施主請，那說法形式不同。那施主要給他敷寶座，那又情況不同。我們就根據《金剛經》的例子說，形式上就是，吃完飯了，大家坐攏，討論討論，有什麼問題，就是這樣子。每部經都是這樣子，都有含著辯論的意義。必須有問，有請；有問，有答，佛才說。

願一切眾生，這個就是含著吃飯是食輪。所作皆辦是法輪，就把你自己了生死的大事，你應當做應當辦這個事。後來就聞法，悟解，而能夠修道。我們這個時候講的〈淨行品〉，都是說聞聽，都是說的發願，在心裡頭發願。就是在你日常的生活當中，你遇到境界相，遇到這個境，心裡就把這境界相給轉化了，轉化了就辦佛事、做佛事，念念都是這樣用心。

「具諸佛法」，就是具足說法圓滿，聞法而得悟解。說法的時候，「當願眾生，得無盡辯，廣宣法要。」說法得有辯才，辯才對說法的事和理要能清楚，世間相的事法如何跟佛所教導的理法相結合。說法的時候，有教理行果。教就是佛所說的言教，我們現在聽不見佛的聲音，從所留下來的記載的文字，含著一種要顯示的義理。從這個義理，教我們怎麼去做，凡是所說的法都是含著你要行。像這品名字叫〈淨行〉，《華嚴經》初入信位。入信，這個位還不是後面那個位。有了這個信心了，應當要修行，逐步地這麼修行，這都是信位菩薩所修行的。

說法呢？你吃完飯了，那麼施主供養你的，你要說法報施主恩。他請問什麼，你要答覆他什麼。他沒有請，你要念，自己念，同時要思念，人家施給我飲食是不容易的，我們要說法報答人家。這個說法含著的意思有施主問你什問題，你給他說；若施主沒問你，那你得在人家的家裡給人迴向，這也叫說法、迴向。你今天受了他供養了，迴向他家宅平安、迴向，得到佛法的加持蘊育，使他能夠成長，能夠種下善根，這是一種說法。如果人家請你說法，你要給人說，他請問你什麼問題，那你就說什麼問題。說法含著報施主恩，報佛恩。報佛恩我們前面講十種，受佛的恩有十種。那麼一一都要報答，因爲我們能夠從法化身，佛就像我們父母一樣地。從父母生我們的肉體，從佛聞法生我們法身的慧命。這是願一切衆生說法無礙的意思。

「得無盡辯」，所問難住了，答不出來了，那不叫無盡辯了。有一個道理你可從這方面說，略說、廣說、顯說、密說，都可以，說法的形式有多種。例如喇嘛上師授灌頂的時候，那叫密說。他教你個咒，灌頂了，涵義雖然沒有詳細解釋給你聽，都在那咒裡邊，因為那就叫密，要解說就叫顯。顯的是一個諸法的心要，這個法有多種，有行法、有果法、有教法。

從舍出時，當願眾生，深入佛智，永出三界。

以下到「暑退涼初」有五願。當你在施主家裡頭用完飯了，從他的宅子出來的時候，準備離開了，要願一切眾生，「深入佛智，永出三界。」從舍出來，就是出了三界。這是講家如三界一樣的，從他家出來就出了三界了。怎麼樣才能出了三界？必須入佛智，有了佛的智慧了。「深入」，是要你入的更深，願一切眾生都能夠深切的了解佛的智慧，得到解脫的意思。「永出三界」，就是再不來了，再不到三界來受苦了。

若入水時，當願眾生，入一切智，知三世等。

「入水」，就是洗浴，你還沒有洗浴，或者你把水龍頭打開了，沖水的時候要發願。洗浴身體了，你又發願，用水洗浴，水表智流，法流水。就像智慧一樣，水一洗了，就把塵垢世間法沖掉。就迴世間法向出世間法，迴假向眞，迴事向理。要向理，就是過去、現在、未來的三世，平等平等。又可以說過去、現在、未來的三世，要是有了智慧了，你能夠知道自己的過去，過去所做的善和惡、現在你所做的善和惡、未來你所做的善和惡。現在是受過去的報，未來、現在是受現在的報。未來還有未來，未來還有未來。據現在說，是未來；到了未來了，未來就是未來的現在，那麼現在就是未來的過去。這三世無窮無盡，讓你入了一切智慧了，見道了，能夠見到一切智。這種見道是眞道，是見到眞理了，見到實際理地了。

洗浴身體，當願眾生，身心無垢，內外光潔。

這要從事上說，你正在洗浴的時候，把身體洗乾淨，把一天遊行所積下的塵垢、汗垢洗乾淨，使你的身心乾淨。這個洗，是指洗身。心呢？你用意念洗，水是洗塵，水不能洗你的心。怎麼樣洗你的心呢？要用觀想。假這個洗浴身體的事，來顯理，身清淨了，心裡生喜悅，生歡喜了。洗完澡，每個人都感覺清涼，特別是在夏天，天氣很熱，這時候洗個澡，你感覺好像把熱惱都離脫了。

盛暑炎毒，當願眾生，捨離眾惱，一切皆盡。

「盛暑」，就是夏天，就像我們現在，舊曆的六月到七月之間，溫度特別高。「炎」，就是那個焰，熱、熱度！就像毒一樣的，有毒。熱能熱死人，中暑不是熱死了，中暑只是害了病，溫度太高。這個時候，要發願，願眾生，這個熱也是逼迫，苦熱的，像有些人還得工作。像現在有了冷氣設備，感覺很舒服，過去沒有冷氣設備的時候，還是照常工作。在工作的時候，拼命用力，那更苦。所以在「盛暑炎毒」的時候，願眾生捨離惱害，把一切惱害都除得乾淨。

「一切皆盡」，就是形容一切法的，像我們現在的惱害，我們藉這個世事講講理。天氣並不很炎熱，可是你心裡著急，聽到一些心裡不順心的事，危害要加重到你身上的時候，你身上會出汗的。因爲氣急了，你辦一件事情，正當緊要關頭，你也會出汗的。你感覺到苦的逼迫性，很厲害，而我們跟人要生煩惱、發脾氣的時候，筋也脹了，臉也紅了，那就是惡惱，心裡像火燒一樣地。欲念熾盛，五陰熾盛，欲念貪欲心起的時候，內心的火能把自己焚燒掉，所以要把這些煩惱都捨掉。在《法華經》〈譬喻品〉，不是也說三界猶如火宅，這個天氣熱跟在火宅裡頭有所不同，這間火宅怎麼樣能夠脫離，那就一切惱害都洗的乾乾淨淨，一切都除掉。

暑退涼初，當願眾生，證無上法，究竟清涼。

你把煩惱一除掉了，「證無上法」，就是指在佛法上證得了，就是我們這個十信滿心證得初住，都成就無上法。在一般大乘的教理裡頭，它是斷無明、證法身，必須得登到初地，登到初地了，就是破一分無明，證一分法身。《華嚴經》的特點就是十信滿心入了初住，就能破無明，所以他能到一百個世界示現成佛。因此，在《華嚴經》上說，證了初住都可以算是無上法，發了菩提心，就是見了法性，理體而發心。「究竟清涼」，就是究竟成佛了，一切的惱害熱惱都沒有了。

讀誦禮拜　遍滿法界

諷誦經時，當願眾生，順佛所說，總持不忘。

以下十願，就是讀誦禮拜。讀誦大乘經典，懺悔禮拜，還有供養。在你諷誦經的時候，沒有大的供養，燒一支香總要有吧！誰都要點一支香，雖然是一支香，你如果把它觀想得遍滿法界，這個我們講到〈普賢行願品〉、大願─供養願的時候會有詳細的說明。

「順佛所說，總持不忘。」凡是經都是佛所說的，教導我們、教授我們怎麼樣去做，怎麼樣去修，應當順佛所教導的，「總持不忘」。「總持」就是三昧，必須得到三昧了，不但佛所說的義理不忘，就是世間的文字都不忘。

若得見佛，當願眾生，得無礙眼，見一切佛。

我們見佛只見佛像，見一尊佛像，或是見兩尊佛像，或是在佛堂裡頭這些佛像，我們見到了，只能見到這間屋子裡的佛像，別的屋子裡的佛堂，我們就見不到了。還有一切處的佛像，我們也見不到。「得無礙眼，見一切佛。」不是指著佛像說的，而是你得到無礙眼了，那就看見阿彌陀佛在極樂世界說法，看見彌勒佛在兜率天內院說法，也看見了東方藥師佛在琉璃世界說法。現在我們念三十五佛，現在世的佛，各有各的佛世界，你都能普遍看見每尊佛都在那兒說法，這都是我們大家熟悉的。還有我們不熟悉的，像華藏世界裡頭，有世界海，那麼多的佛剎微塵，每一尊佛面前，都有衆大菩薩圍繞，天人圍繞，聞法的大衆無量無邊的，你要是得了無礙眼了，你全都見到了。要是能夠證得無礙眼了，耳也無礙了，不只見到了，也能聽到佛說法了。這是發願。發願必須順這個願，順著你自己的希望，立了這麼多願了，就照著去做。

如果大家能夠發心課誦〈淨行品〉，文字不多，大概十五分鐘，〈淨行品〉、〈梵行品〉就可以誦完了。你念久了，念快了，兩品十分鐘就誦完了。如果不能見到什麼發什麼願，也得在屋裡頭先把願發了。把〈淨行品〉念一遍，就等於發了願了。如果你天天這麼念，天天這麼發願，就能得無礙眼，見一切佛；一直念到你命終，這是佛說的。在清涼國師的〈疏鈔〉裡解釋非常多，事理融通，事事無礙。李通玄，他做了一部〈華嚴經論〉，他的這部論是以禪宗觀點來寫的，文字不多，簡潔了當，是針對極上根的人。清涼國師著的〈疏鈔〉，就解釋這是信位，我們剛信，信心還不堅定的時樣做，非常有好處的。念都會念，修行起來感覺有困難，你不知道你讀的時候就是修行，好多的經都是這樣，《金剛經》的要求也就是讀，持誦禮拜。

諦觀佛時，當願眾生，皆如普賢，端正嚴好。

當你觀佛像的時候，佛像都是功德圓滿，諸相具足的。佛像會使我們生歡喜心，你就發願，願一切衆生，都像普賢那麼樣的「端正嚴好」。怎麼沒有說像釋迦牟尼佛那麼樣子呢？因爲普賢菩薩就是佛，《華嚴經》是以普賢菩薩爲主的，整部《華嚴經》都是普賢行，說什麼都是普賢行願，並且以文殊大智爲輔的。《華嚴經》並不都是釋迦牟尼佛說的，也不是毘盧遮那佛說的，《華嚴經》是諸大菩薩說的。你看我們讀的這一品，下一品，〈普賢行願品〉，這三品都不是佛說的。〈淨行品〉是智首菩薩請問，文殊菩薩答，但是佛必須在場，由佛證明，佛沒有在場，不是經，而是論。菩薩說的不能成爲經，那麼佛在場，雖然不是佛說，因爲佛許可了，佛證明了。所以觀佛的時候，就願一切衆生，「端正嚴好」，就像我們認爲的三十二相，八十種好，是最嚴好的，普賢菩薩，他的威德感到他的身，千百億的莊嚴相好。其實，諸佛、佛佛都是如此，都是相好莊嚴不可說，隨著衆生你要什麼，你心裡希望什麼，你看到哪個相就現什麼。

見佛塔時，當願衆生，尊重如塔，受天人供。

這是指佛滅度後，我們修起佛塔。「塔」，有的人把它解釋爲寺院。塔裡頭也有佛像，供的有佛像，在每個祖師的塔裡頭，敘述他的一生事蹟，有的是整體的肉身，有的是火化了之後的舍利。前面的這些願都是歷事用心，現在你把這個塔當成佛，上供，對塔供，等於供佛。有時，我們認爲塔是建築物，看見它反而恭敬心就生不起來，不像看見佛像的時候一樣。不過，有的塔的正面塑著佛像，有的塔則沒有塑佛像。

敬心觀塔，當願衆生，諸天及人，所共瞻仰。

頂禮於塔，當願眾生，一切天人，無能見頂。

「敬心」，就是誠敬、恭敬心。「觀塔」，就是思惟塔，觀想塔即是佛。願這一切天人，大家所共瞻仰的，就等於瞻仰佛。對塔是要頂禮的。有的塔修的很小，我們能見到塔頂，有的塔很高，見到塔頂。按意來說，頂禮塔的時候，「一切天人，無能見頂。」就像無能見到佛的無見頂相，這是佛的神通力。那麼現在我們見到佛像，見到塔，都看見頂，這是形容詞。我們所看見的是相，要是從意上說，佛的無見頂相，你是見不到的，這是「無能見頂」的涵義。

右繞於塔，當願眾生，所行無逆，成一切智。

你看見塔、廟，或者進了這個道場，一定是向右繞，不要左轉。左轉叫逆行，右繞叫順佛行。

繞塔三帀，當願眾生，勤求佛道，心無懈歇。

繞塔的時候，就求佛的加持，同時心裡要做觀想。觀想什麼呢？要求佛道。右繞，就是說順著佛所行，不要逆佛所行。要是順著佛所行，容易成佛，容易得到智慧；要是逆行，就相反。有些人到塔廟旅遊的時候，管它左右，他也不懂得，就那麼轉就是了，那樣子功德很小，甚至於沒有功德，看他心裡生什麼念頭。

讚佛功德，當願眾生，眾德悉具，稱歎無盡。

讚佛相好，當願眾生，成就佛身，證無相法。

稱歎佛的功德，是讚歎不完的。若不會讚佛時，該怎麼說？你可以說四句偈都可以，每逢大家讀經的時候，繞塔的時候，念「天上天下無如佛方世界亦無比，世間所有我盡見，一切無有如佛者。」就可以了。各別的佛，讚歎各別佛的功德，念《藥師經》，有《藥師經》讚歎佛；念《金剛經》，《金剛經》上有讚歎佛，它用無相的讚歎法。每部經都有讚歎，但我記不到很多，你可以用通俗的，一切佛都可以，你讚歎哪一尊佛，用這個偈子都可以。「天上天下無如佛」，就是九法界沒有能跟佛相比的，沒有跟佛相等的。天上天下，是就人間說的，我們所見到的沒有能比佛更莊嚴的，沒有比佛更有功德的。「十方世界亦無比」呢？說所有的，在這世間，不只世間，極樂世界、琉璃世界，一切佛世界都不能跟佛相比。那麼世間法說，我們所見到的說，我所看見的，「世間所有我盡見，一切無有如佛者。」沒有能趕上佛的，不論從相好、從功德、從慈愛，各方面，隨便從那方面說，都沒有能趕上佛的，這是讚佛的功德。

佛的四無量心—慈、悲、喜、捨，六度萬行—布施、持戒、忍辱、精進、禪定、智慧，這些都是佛的功德，佛利益眾生的功德。因為佛利益眾生，利了無窮無盡、無邊無量的衆生，所以感到功德具足圓滿，「衆德悉具」。所以你要想把佛的功德讚歎盡，永遠是讚歎不盡的。這個在〈普賢行願品〉的第二大願—「稱讚如來」就有說。在〈普賢行願品〉前頭，完全是普賢菩薩讚歎佛的功德，最後他才對善財童子說，佛的功德是讚歎不盡的。以普賢菩薩的智慧力，都讚歎不完佛的功德，乃至於十方一切諸佛，讚歎佛的功德無窮盡的，都不能讚盡。所以願一切衆生，都能成就佛身，證無相法。

身心安隱　障礙消除

若洗足時，當願衆生，具神足力，所行無礙。

一天的事就這麼做完了，從吃飯，到出去乞食，現在該睡覺了，但是爲什麼把洗足擺在最後呢？因爲上床要休息了，必須洗完腳才能上床。洗完腳，這一天的行動都完了，最後洗足。大家要知道，印度的比丘是不穿鞋不穿子的，都是赤足。他的腳，一天當中得洗好幾次，洗完了就安息了。用功完了，要休息了。洗腳的時候，也要發願，願一切衆生，「具神足力，所行無礙。」雖然是舉個洗足來做比喻，形容著你要修行的時候，所有的障礙都能夠消除。足是身業，你口業意業都包括在內。

以時寢息，當願衆生，身得安隱，心無動亂。

「寢息」，就是睡眠休息的時候。也許你打坐，要不倒單的，沒有倒下去睡覺，坐著休息也可以，但要發這個願。「身得安隱」，現在不動了，不動是心裡，「身得安隱」呢？我們一般的睡覺，倒下床去了，不安隱。起碼有的人習慣了，翻幾個身才睡得著，有的翻來覆去的，心裡胡思亂想的，到時候他睡不著了。剛一休息下來了，他好多白天做過的事，又回憶起來，這叫憶念，能夠讓你失眠。一上床到了安息的時候，心不想了，就是不動念的意思。當你失眠的時候，就念這個偈子。這個願就是說一切衆生不安隱，他到了休息的時候，還想念很多事情。

大家看過那尊臥佛像吧！那就是佛睡覺的姿勢，一切比丘睡覺的姿勢，都得那個樣子。倒下來，佛是用手枕著頭部。我們都有枕頭，用枕頭時，你也可以這樣表示。一般都是右邊，貼床都是右邊，還有如果自己會觀想，會調息的，坐禪不是要調息嗎？睡眠也得要調息，把息調得很好的。我不是囑咐大家觀想佛法僧三寶嗎？在這個時候，你心裡觀想觀想，身體很快進入睡眠。但是在你進入睡眠之後，你要觀想自己是怎麼進入睡眠的。

睡眠始寤，當願眾生，一切智覺，周顧十方。

早上醒來，又明白了，成佛了。佛的智覺才能夠周顧十方。

我們一般醒來的時候，也就只看到自己睡覺的屋子。應當發願。

佛子！若諸菩薩如是用心，則獲一切勝妙功德，一切世間諸天、魔、梵、沙門、婆羅門、乾闥婆、阿修羅等，及以一切聲聞、緣覺所不能動。

行淨行的菩薩，不爲這些所干擾，乃至二乘，不退墮二乘，乃至諸天的、魔梵的、他們人間的福德、天上的福德。

「沙門」，是指著出家的，「婆羅門」，我們前面講了，是指「淨裔」，這個願都得發。「乾闥婆」、「阿修羅」是鬼神衆，「聲聞」、「緣覺」是二乘。發菩提心，修習淨行，要這樣用心，你所懷的勝妙功德，跟這個世間的諸天魔梵，乃至於二乘所得的功德不一樣的，也絕對不能爲他們所干擾。不過是修行的時候，當自己前進，行菩薩道的時候，有些障礙。遇到障礙，遇到挫折了，心裡頭就想自己修行，利生的念頭就輕了，想自修，這都是聲聞緣覺的道，退墮走聲聞緣覺的道。但這裡的是聲聞緣覺所不能動的。

但是這個十信位，並沒有入到修行位。這個淨行乃至這些觀想，見什麼發什麼菩提心，這僅僅是發願、發心。不過，從這個發心能夠進入修行位。進入修行位，就是破了一分無明，證了一分法身。入到了初住位，十信滿心入了初住位，入了初住位的時候，就能夠像佛那樣子的。能夠像佛什麼呢？佛不是說法度衆生，化現佛身嗎？初住位的菩薩能夠化現佛身，就具足佛果的條件了。

我們經常講，初發心時便成正覺，初發心時跟正覺的究竟心，這兩個心，哪一個心難一點啊？初發心的那個信心難。只要發了心了，入了住，發了菩提心，這就容易了。達到佛果，他的修行比較容易了，障礙也容易消失了，因爲他的信心堅定了，他的身口意與佛的身口意相應了。這裡的信心堅定，跟前面講的與十信位的信心不一樣。

我們前面講十信位的十信心，第一信說信心堅定了，信佛得到殊勝感，起了惡念了，他馬上能止住，不讓它相續，入信位的菩薩是這樣子。但是十信滿了之後，登了初住，發菩提心信的時候是什麼樣子呢？他相信，我一定能成佛，決定取大菩提果。這跟我們初發心的時候，只能止惡，而且還止不住，是不一樣的。

現在我們大家受了三皈依的都是菩薩，身雖在俗，心同菩薩，就是菩薩。你一天的身口意三業，你能不能夠感覺到這件事不能夠這麼做，馬上就止住，能不能？身體邁步的時候，知道我所走的這條道路不對，我不能去，馬上就止住，不去了。知道起心動念，這個念頭起不得，不去了；知道一說話對三寶不利，對眾生不利，這個話不說了，有這種覺悟嗎？但要達到決定能夠成佛的信心，還生不起來。

第二信，信十方諸佛，他們的心，他們所得到的不動智，所得到的一切的種智，這個我也能得到。跟佛一樣的，而且是我本具的。第二個信心有這個信心，念念不忘三寶，他能夠念念不忘三寶，如果我們每人拿串念珠，念珠是計數的，一拿到念珠，我不能失念。我不能失掉念，什麼念呢？不能忘了三寶，不論做什麼事情，念念總不離三寶。兩個不能相比，所以這個位子跟那個位子的完全不同。

第三信，信十方一切諸佛，他的佛身，佛的根本智，與我現在的身，與我現在我的智慧，這是要本具的，沒有差異。爲什麼住位的菩薩能夠有百億的化身呢？這在大乘裡頭教義不同，得登地的菩薩才能斷一分無明，因爲他這個能斷一分無明了，這樣子他又發起菩提心，這個信心就有這個力量了。

第四信，信三賢四聖，我心能行。三賢，就是十住、十行、十迴向。這三個位子叫三賢位，他現在沒有證聖，到了十地菩薩算證聖了。雖然是初住菩薩，也破一份無明，但是這無明就分爲四十二份，四十二位的無明了。十信十地菩薩所斷的，大乘所說的那個無明，是把無明說爲十份的。《華嚴經》展開成四十二份，因此有所不同，這在教理上、教義上，有所區分。

這個信是三賢十地所修行的，我雖然是初入三賢的初位，以後的後位的事情，我都能夠逐漸做到，能做，他有這個信心，但不是他現在就證得了第五信，信十方的諸佛皆從三昧生。我已如是了，十方一切諸佛，他都能得了總持陀羅門。陀羅尼，就是得到三昧，這個三昧是得到一切智的三昧。隨緣隨事，皆能迴理，是這種三昧。他在利益衆生當中，一切都在三昧當中，隨緣的利益衆生，有這個信心。

第六信，信十方一切諸佛，神通、妙用，我已能得，並且我應該有。因爲要示現百界成佛，利益衆生，他必須得有神通妙用。

第七信，信佛的智慧，這是一切道種智，究竟智，我已當得，我也能成就。信佛於大悲，普遍於一切，我已當得。

第九信，信佛的自在，我已當得。

第十信，我自己現在發的菩提心，經無量劫，我的德行滿位，與諸佛齊等。但是這個無量劫的，不離我現前的一念，這是十信滿心的菩薩。

文殊師利菩薩告訴智首菩薩，說誰要能夠這樣做，有這樣的信心，能夠這樣的依著〈淨行品〉，這樣的發願利益衆生，一定能成佛。就是你問我的一百一十問，怎麼樣能夠達到？就這樣做去了，這樣做就能達到，就這一百四十一種。

我們大家想想看，說我們念一念，算不算達到呢？當你念的時候，你的心力、思想，起碼你必須注意經文，你念到哪一願的時候，你的心就注意哪一願。當然你一定能達到，這裡指的是心入。譬如這一天，還有很多的事務，經文上沒有說得這麼齊全。你可以根據這個經文，來自己發願，文殊菩薩只是教我們這麼一個方式、方法，你自己可以變化的。

當你看見什麼東西，是經本上所沒有的，例如你看見汽車，你可以發願；乘個輪船，你也可以發願。你看見汽車，你可以發願。我願意乘大白牛車，《法華經》上的大白牛車，願一切眾生都乘大白牛車，速登佛地，這也是願。你自己見到什麼，你可以發願，但是你得用心，你平常如果沒有這樣用心，你發不出來。發不出來，你就用現成的公式，背起來，我們背不起來，一天念一遍，就可以了，你也算發願了。你經常用這個願力來熏修，漸漸地會得到的，你會入法界的，心裡就清淨了。

這些方法是調心的，爲什麼「當願衆生」？「當願衆生」，就是你念念不忘衆生、念念不忘成佛。你的心如果能夠念念不忘衆生，念念都利益人家，當你說話，心裡想，身體去做什麼事的時候，你還去惱害衆生嗎？自然不會。你的菩薩心、大悲心，把它撫育，蘊育成長，愈來愈增勝。這個只是給你做增上緣。你本具的因力，生了力量了，這個增上緣的緣力，你自然很快地就脫離生死了。

這種大願大力產生力量的時候，不要把它看成難。要是看難了，你進行不了，你不會去做。你也不要把它看成很容易。因爲看成容易了，你就會產生懈怠，你做做就不念了。你認爲這個比吃飯重要，那麼三餐，我一餐不吃、二餐不吃，都可以，那麼今天一天一頓不吃，也可以。像閉關的人，他就可以，他可以用絕食來鍛鍊。但你想要這個法味，一天不讓它斷；三餐可以斷，法味不可以斷。久而久之，你就得到這種力量了。爲什麼有這麼大的功德呢？

這說是住位菩薩。

當你信位一入，從初位到佛果位，他位位的解、行、德，德就是心裡頭所開悟的知見，這個德不是我們講道德的那個德。他所行道的，有得於心，用這個道德的德字來形容。但是，他解、行、德融合成爲一體了，他能解的到，他就做的到，做的到，他就能收到效果。內心，自心收到效果。要不是這樣子，他怎麼破見思惑呢？在《華嚴經》初住位的時候，他見思惑破了。雖然破見思惑了，他不脫離塵俗，他還得在這個世界上。二乘人破了見思惑，證了涅槃了，而這個住位的菩薩，破了見思惑了，從空出假，他一切的妙有，一切諸法，如夢如幻、如泡如影，但是他度幻化衆生，成幻化的佛果，一切都是如是觀。所以住位菩薩不同，他逐步地破塵沙、破無明，你破了一份無明故，所以有能力分身、化身、現身，度化衆生。

初住位就是信心滿足了，十信滿心了，他感的報同於等覺菩薩，報同等覺。雖然沒有證得，但他感的報還是相同的。因此天人，乃至於魔王、波旬、夜叉王、八部的龍王，他們都有報得的通，因爲他們也做福德。不過他們的知見不對。

我們從現在所念的〈淨行品〉，就是十信位菩薩，雖然還沒有證得，但是可以做修行的準備。發願本身就是在信位，信位的修行，給將來修行成佛做準備的階段。但是必須得有這個信，所以《華嚴經》修證的位子是有次第的，相當嚴格。你破什麼惑，就證到什麼位。你要是修行了，那麼是住位的菩薩。三賢位菩薩，也只能在百界示現做佛。他不能千世界、三千大千世界、無量世界、無邊世界示現成佛，他做不到，距離還很遠。

假使信心沒有堅定，那麼行菩薩道，利益一切衆生的時候，信心不但不夠堅定，也不夠勇猛。勇猛精進心生不起來，不能把修行當作比生命還重要，寧可犧牲生命。在〈大乘起信論〉講到，發菩提心行菩薩道的時候，怯弱的衆生，他的心沒有那麼大，他擔心無量劫來行菩薩道，喔！這做不下來，感覺苦，感覺怕遇到障礙，怕退失了菩薩道心，所以出來了一位淨土菩薩，淨土菩薩就是發心念阿彌陀佛求生淨土，說未來這個世界大心堅固不起來的人，那就到極樂世界來堅固。凡是發心念阿彌陀佛，求生淨土的，《華嚴經》上都稱爲淨土菩薩。

淨土菩薩在那裡啊？就是在這娑婆世界，大菩提心發不起來，堅定不了，進進退退，產生脆弱恐怖感。那好了，你一心求生淨土吧！等到求生淨土了之後，生了淨土了，這個菩薩生到淨土了，入了這個修行位，登了住了。這個可能是上品上生、上品中生、上品下生。這是上品的、下品的、中品的，還暫時入不了菩薩位的，還得修，修好多萬年才能夠得到的。

生到極樂世界去，不是生到極樂世界去就平等平等。生到娑婆世界的報感都不平等，我們大家都不平等。儘管我們要求平等，怎麼會平等？我們這個世界情況就不同，我們能平等的了？說是一個女人都沒有了，我們都是男人，像極樂世界似的，那是蓮花化生的。像大梵天，就是天衆大梵天以上的，沒女人相的，都是男人。梵天相看的都是那麼莊嚴，清一色的是男相，沒有女相。欲念愈輕愈沒有了，其他的淨佛國土都沒有女人了，也沒有地獄了，沒有三塗了，也沒有天人了。因此他要發了大菩提心之後，要想成就道業，那麼心裡頭勇猛力發不起來，到了極樂世界去了，淨土菩薩他就成就了，他入了修行位了。

所以不違安養，迴入娑婆，普利眾生，那都是入了位的。入了修行位的菩薩才能回的來，如果我們去了，能去得了去不了還不知道呢？這一關還不容易過，去到了當然永不墮三塗。要能去得了，就能逐漸地入修行位。要在這兒度，心發的就大，雖然這個心不能像那些大菩薩，但觀一切諸法如夢幻泡影，他這行菩薩道。他度眾生，無我相、無人相、無眾生相、無壽者相，他也就成就了。那麼這類的菩薩生到極樂世界去，他到那兒參學參學，去了就回來。假說我們到美國去旅遊，旅遊一下子，你又回到家裡來，一樣地，是這個意思，大家要如實理解。

我們也許會想得到〈淨行品〉的功德，不過《華嚴經》是不講功德的。

好比聽完了一品或聽完了一部經，有好大功德？有什麼不可思議的功德？《華嚴經》不講，因為這是你自心本具的。聽完了之後，你能有聽的因緣，《華嚴經》講不可思議，你的功德已經不可思議，不是用人間的比喻能把它表現出來，你的功德好大呀？大跟小是比的，說這個功德少，這個功德才大。《華嚴經》講平等，也沒有什麼得，也沒有什麼不得，也沒有什麼能得。我是個能得功德的人，功德是我所得的，功德是什麼樣子？「性空寂」，性本來是空的，體上是空的，這個空寂能產生一切妙有。

這個妙有，我們說得通俗一點就像變化似的，像演戲的一樣。上台了，一下換男角，一下換女角，一會兒演正派人物，一會兒又演反派人物。像梅蘭芳、尙曉雲，他們是男的，可是演女角，那不是他的本身，而是化現的。根據這個意思，我們要懂，一切諸法，還有我們這個身體，都是化現的。從本身來說，我們這生生世世的，一段一段、一段一段，一會兒化現這個，一會兒化現那個；就跟演戲一樣，一會兒化現男相，一會兒化現女相，一會兒去演這個角色，一會兒去演那個角色。懂得這種道理，就好了。

就在你日常的生活當中，見什麼發什麼願，想一想，不過把佛法僧三寶擴大一些，所緣念的事情都不離一切法，這都是法。法就是方法，就是規範，你依著這個規範走，不出軌道。不出軌道就不會有什麼問題，一出軌道了就容易出問題。什麼是不出問題呢？就是你可以了生死，斷煩惱，開智慧，依照這些道路上走，很少會出問題的。

最後祝大家吉祥如意！

國家圖書館出版品預行編目資料

華嚴經淨行品/夢參老和尚主講：方廣編輯部
整理. ---二版. 臺北市：方廣文化,
2007.09　面：　公分
ISBN 978-986-7078-12-4(精裝)

1. 華嚴部

221.25　96016358

華嚴經淨行品

主講：夢參老和尚
整理：方廣編輯部
出版：方廣文化事業有限公司
住址：台北市大安區和平東路一段
◎地址變更：二○二四年已搬遷 通訊地址改
台北青田郵局第一二○號信箱
（方廣文化）
電話：(○二)二三九二-○○○三
傳真：(○二)二三九一-九六○三
劃撥帳號：一七六二三四六三
戶名：方廣文化事業有限公司
裝訂：精益裝訂有限公司
經銷：飛鴻國際行銷有限公司
電話：(○二)八二一八-六六八八
傳真：(○二)八二一八-六四五八
出版日期：西元二○一五年五月　二版三刷
定價：新台幣二八○元（軟精裝）
行政院新聞局出版登記證：局版臺業字第六○九○號
網址：www.fangoan.com.tw
電子信箱：fangoan@ms37.hinet.net

No.H203A

方廣文化出版品目錄〈一〉

夢參老和尚系列

書籍類

● 華嚴

H203 淨行品講述
H224 梵行品新講
H205 華嚴經普賢行願品講述
H206 華嚴經疏論導讀
H208 淺說華嚴大意
HP01 大乘起信論淺述
H209 世主妙嚴品(三冊)【八十華嚴講述 ①②③ 】
H210 如來現相品・普賢三昧品【八十華嚴講述④】
H211 世界成就品・華藏世界品・毘盧遮那品【八十華嚴講述⑤】

● 般若

B401 般若心經
B406 金剛經
B409 淺說金剛經大意
B410 般若波羅蜜多心經講述【合訂本】

● 地藏三經

地藏經

D506 地藏菩薩本願經講述(全套三冊)
D516 淺說地藏經大意

占察經

D509 占察善惡業報經講記(附HIPS材質占察輪及修行手冊)
D512 占察善惡業報經新講《增訂版》

大乘大集地藏十輪經 D507(全套六冊)

D507-1 地藏菩薩的止觀法門(序品 第一冊)
D507-2 地藏菩薩的觀呼吸法門(十輪品 第二冊)
D507-3 地藏菩薩的戒律法門(無依行品 第三冊)
D507-4 地藏菩薩的解脫法門(有依行品 第四冊)
D507-5 地藏菩薩的懺悔法門(懺悔品 善業道品 第五冊)
D507-6 地藏菩薩的念佛法門(福田相品 獲益囑累品 第六冊)

方廣文化出版品目錄〈二〉

夢參老和尚系列

書籍類

●楞嚴

LY01 淺說五十種禪定陰魔 —《楞嚴經》五十陰魔章

LY03 楞嚴經淺釋 (上冊) —〈七處徵心・十番顯見〉

●天台

T305 妙法蓮華經導讀

●開示錄

S902 修行

Q905 向佛陀學習【增訂版】

DVD

D-1A 世主妙嚴品《八十華嚴講述》(60講次30片珍藏版)

D-501 大乘大集地藏十輪經 (上下集共73講次37片)

D-101 大方廣佛華嚴經《八十華嚴講述》

(繁體中文字幕 全套482講次 DVD 光碟452片)

CD

P-05 金剛般若波羅蜜經 (16片精緻套裝)

錄音帶

P-02 地藏菩薩本願經 (19卷)

方廣文化出版品目錄〈三〉

地藏系列	D503 地藏三經 (地藏菩薩本願經、大乘大集地藏十輪經、占察善惡業報經) D511 占察善惡業報經行法 (占察拜懺本) (中摺本)
華嚴系列	H201 華嚴十地經論 H202 十住毘婆沙論 H207 大方廣佛華嚴經 (八十華嚴) (全套八冊)
般若系列	B402 小品般若經 B403A 大乘理趣六波羅蜜多經 B404A 能斷金剛經了義疏 (附心經頌釋) B408 摩訶般若波羅蜜經 (中品般若) (全套三冊)
天台系列	T302 摩訶止觀 T303 無量義經 (中摺本) T304 觀普賢菩薩行法經 (中摺本)
部派論典系列	S901A 阿毘達磨法蘊足論 Q704 阿毗達磨俱舍論 (全套二冊) S903 法句經 (古譯本) (中摺本)
瑜伽唯識系列	U801 瑜伽師地論 (全套四冊) U802A 大乘阿毗達磨集論 B803 成唯識論 B804A 大乘百法明門論解疏 B805 攝大乘論暨隨錄
憨山大師系列	HA01 楞嚴經通議 (全套二冊)

方廣文化出版品目錄〈四〉

密宗系列

M001 菩提道次第略論釋
M002A 勝集密教王五次第教授善顯炬論
M003 入中論釋
M004 大乘寶要義論(諸經要集)
M006 菩提道次第略論
M007 寂天菩薩全集
M008 菩提道次第廣論
M010 菩提道次第修法筆記
M011 白度母修法(延壽法門修法講解)
M012 中陰-死亡時刻的解脫
M018 菩提道次第廣論集註(卷一~卷十三)

能海上師系列

N601 般若波羅蜜多教授現證莊嚴論名句頌解
N602 菩提道次第論科頌講記
N345 戒定慧基本三學
N606 能海上師傳
N607 現證莊嚴論清涼記
N608 菩提道次第心論

論頌系列

L101 四部論頌
(釋量論頌 現證莊嚴論頌 入中論頌 俱舍論頌)
L102 中觀論頌 (中摺本)
L103 入菩薩行論頌 (中摺本)
L104 彌勒菩薩五部論頌
L105 龍樹菩薩論頌集
L106 中觀論頌釋
R001 入中論頌 (小摺本)

方廣文化出版品目錄〈五〉

南傳佛教系列

SE01 內觀基礎
SE04 緬甸禪坐
SE05 七種覺悟的因素
SE06 南傳大念處經(中摺本)
SE07 三十七道品導引手冊《阿羅漢的足跡增訂版》

其他系列

Q701 單老居士文集
Q702 肇論講義
Q703B 影 塵-倓虛老法師回憶錄
Q705 佛學小辭典 (隨身版)
ZA01 參 禪《虛雲老和尚禪七開示》

方廣文化事業有限公司
http://www.fangoan.com.tw